수다
초급 중국어
速达
SÙDÁ

초급 중국어 수다

速达
SÙDÁ

장선우·신사명 지음

음성 자료 내려받기
(QR 코드 스캔하면
MP3 무료 다운로드)

인터북스

머리말

〈수다速达 초급 중국어〉는 중국어를 처음 배우는 학습자가 독학으로도 중국어를 공부할 수 있도록 설계하였다. 〈수다速达 초급 중국어〉는 정형화된 초급 수준의 표현부터 현지 중국인들이 사용하는 기본 표현까지 현지에서도 바로 사용할 수 있는 실질적 문장으로 구성하였다. 속달速达은 '빠르게 도달하다'라는 뜻으로, 중국어 발음은 수다sùdá이다. 한국어 '수다'와 동음이기도 하여, 수다를 떨며 중국어의 실력을 빠르게 향상시킬 수 있기를 바라는 마음으로 속달速达이라는 이름을 붙이게 되었다.

발음 학습을 시작으로 기초 어휘, 표현, 문법을 충분히 다지면서 중급 단계로 이어나갈 수 있도록 1과부터 14과까지 단계별 난이도를 점차 강화하였다. 간단한 회화를 포함하여 점차 자유롭게 중국어를 구사할 수 있도록 수다스러운 중국어 회화문으로 구성하였다.

중국 현지에서 중국인이 일상적으로 사용하는 표현과 단어를 중심으로 구성하였고 매 과에 나타난 중국 문화 키워드를 통해 중국인의 삶을 이해하는 데 도움이 될 수 있도록 배려하였다. 대화문을 두 부분으로 나누었고 특히 등장 인물들의 "오늘 일기" 파트를 넣어 회화 구문뿐만 아니라 서술문의 형태도 학습할 수 있도록 편성하였다. 내용적인 면에서는 중국 사회 문화의 특징과 동시대를 살아가는 중국 보통 시민의 삶이 잘 드러날 수 있도록 세심한 노력을 기울였다.

중국어를 처음 시작하는 학습자에게 입문부터 초급 수준의 말하기를 학습할 수 있도록 하여 다양한 말하기를 목표로 하는 학습자에게 아주 적합한 교재가 될 것이라고 생각한다.

기존의 정형화된 표현을 뛰어넘어 스스로 자유로운 표현을 구사할 수 있도록 다양한 말하기에 힘을 썼다. 더불어 연습문제는 HSK 1-3급 수준의 문항을 넣어 시험 대비에도 도움이 될 수 있도록 하였다. 이 책을 처음부터 끝까지 단계별로 꼼꼼히 학습하면 중국어 말하기 초급 수준은 마스터 할 수 있으리라 기대한다.

2025년 10월
저자 일동

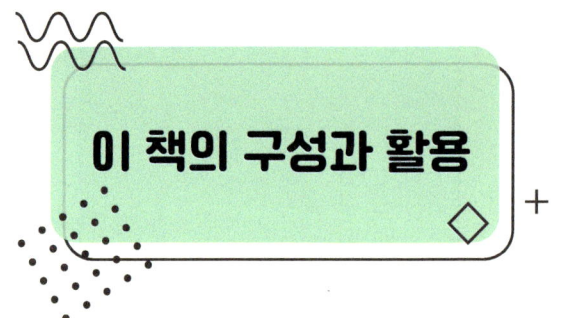

교재의 특징

① 두 파트의 대화문과 한 파트의 서술문으로 구성하여 회화문형뿐 아니라 서술문형을 숙지할 수 있게 하였다.
② 발음을 시작으로 기초적인 문법을 학습하고 초급 수준의 대화를 구사할 수 있도록 하였다.
③ 문법, 읽기, 말하기, 쓰기 등 다양한 연습 문제를 통해 혼자서도 학습할 수 있도록 하였다.
④ 신HSK초급(1~3급) 수준의 어휘와 문법을 제시하고 관련 유형의 문제를 만들어 시험 대비로도 활용할 수 있게 하였다.
⑤ 신조어를 통해 현지 중국 생활과 문화를 이해하고 현지에서 바로 사용할 수 있는 표현을 수록하였다.

교재 구성과 활용

Step1 도입

1. 신조어 부분은 중국의 대표적인 문화 키워드를 제시하여 중국 문화의 특징을 소개한다. 키워드 하나로 당대 중국의 문화 현상을 이해할 수 있기 때문에 중국에 대한 관심과 중국어 학습에 동기를 부여한다.
2. 제시된 사진을 통해 해당 과의 내용을 미리 생각해 본다.

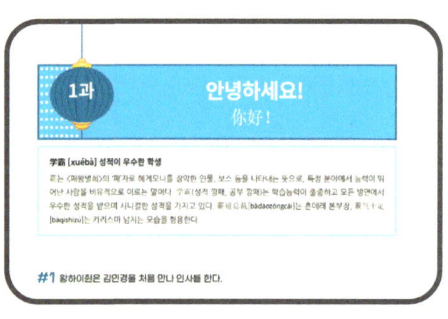

Step2 어휘

1. 매 과에 새로 등장하는 어휘를 중심으로 단어와 뜻을 제시하고 어휘량은 20개 이상으로 본문 어휘뿐만 아니라 보충 어휘도 수록하여 관련 어휘를 모두 학습할 수 있도록 하였다.
2. 본문을 읽기 전 미리 학습하고 모두 암기할 수 있도록 하고 연습문제를 통해 다양한 어휘를 학습할 수 있다.

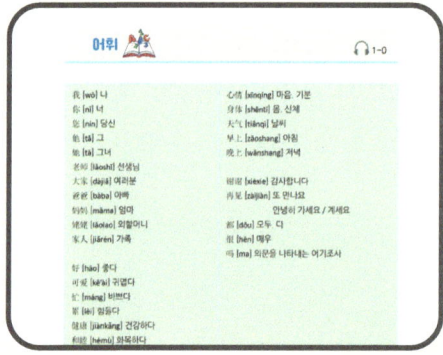

Step3 어법

1. 신HSK 1~3급 수준의 어법 항목을 수록하였다.
2. 대화와 일기에 제시된 어법을 중심으로 각 과당 4~5개 항목의 어법을 선정하여 설명과 더불어 예시를 통해 이해도를 높였다.
3. 연습문제는 문법 활용하기와 문장 완성하기 등을 통해 어법을 익히도록 하였다.

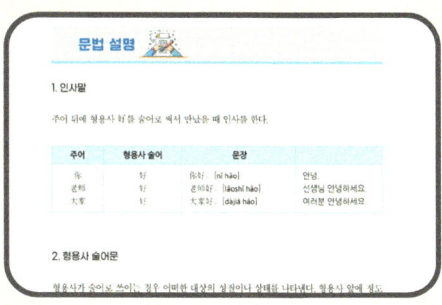

Step4 본문

1. 등장인물은 주재원으로 파견된 한국인 가족과, 그 이웃인 중국인 가족으로 구성된다.
2. 내용은 대화문과 서술문으로 구성되어 있다. 대화문은 5~8개 문장 정도로 두 파트로 나뉘며, 서술문은 '오늘 일기' 형식이다. 대화문을 통해 구어적 표현을 익혀 듣기와 말하기 실력을 높일 수 있고, 동시에 '오늘 일기'를 통해 문어적 표현을 학습할 수 있도록 하였다.
3. 본문의 모든 중국어 문장 하단에 병음을 표기하여 쉽게 따라 읽을 수 있도록 하였다.

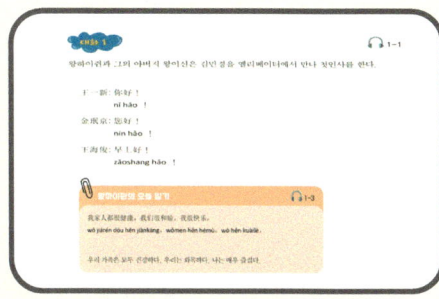

Step5 보충 단어

본문에 나온 어휘를 중심으로 파생되는 관련 어휘들을 다량 수록하여 확장된 어휘를 사진과 함께 학습을 할 수 있도록 하였다.

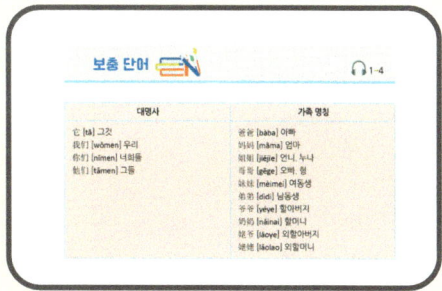

Step6 연습문제 7단계

1. 문법 활용 연습 - 각 과에 나온 문법을 중심으로 간단한 활용 연습을 하도록 했다.
2. 어휘 연습 - 각 과에 나온 어휘를 중심으로 확인 연습을 할 수 있도록 하였다.
3. 대화 연습 - 간단한 질문과 대답을 통해 대화 연습을 할 수 있도록 하였다.
4. 문장 활용 연습 - 알맞은 단어를 사용하여 문장 활용 연습을 할 수 있도록 하였다.
5. 말하기 연습 - 한국어에 해당되는 중국어 문장을 골라 말하기 연습을 하도록 했다. 여러 번 반복해서 읽고 암기하여 말해본다.
6. 문장 완성 연습 - 문법에 맞게 문장을 만들어 읽어보는 연습을 할 수 있도록 하였다.
7. 어휘 쓰기 연습 - 본문에 나온 어휘와 문장을 써보면서 어휘를 숙지할 수 있도록 하였다.

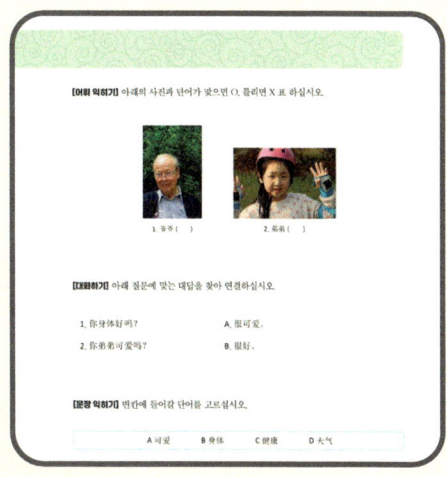

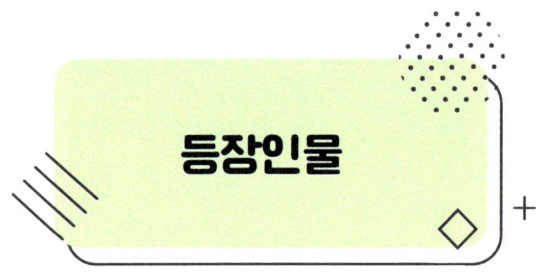

김민경 가족

아빠: 김장수 金壯洙
(대기업 부장)

엄마: 최소정 崔素廷
(초등학교 선생님)

딸: 김민경 金珉京
(베이징대 교환학생)

아들: 김경모 金京慕
(초등학교 4학년생)

왕하이쥔 가족

아빠: 왕이신 王一新
(공무원)

엄마: 리나 李娜
(안과 의사)

아들: 왕하이쥔 王海俊
(베이징대 3학년생)

외할머니: 姥姥
(리나의 어머니)

스토리 라인

김민경의 아버지는 베이징 근무로 발령을 받아 가족 모두 베이징으로 이사를 오게 됩니다. 그들은 한인촌 왕징의 한 아파트에 살게 되고 옆집에 사는 왕하이쥔 가족을 알게 됩니다. 민경은 베이징대학 3학년으로 교환학생 자격으로 왔고 동생 경모는 초등학교 4학년입니다. 왕하이쥔은 베이징대학 경제학과 3학년 학생이고 외동아들이며 어릴 때부터 외할머니께서 돌봐주셨습니다. 민경의 아버지는 한국의 대기업 부장이고 어머니는 초등학교 선생님입니다. 왕하이쥔 아버지는 중국 정부 기관에서 일하는 공무원이고 어머니는 안과 의사입니다. 두 가족은 이웃으로 만나 점점 가까운 사이가 되어 갑니다.

머리말 ...5

주제	제목	문법	핵심 문형
1과 **인사** ...16	안녕하세요! 你好！	인사말 형용사 술어문 3성 변화 의문의 어기조사 吗	(我) 很累。 姐姐很(好)。 (身体) 好吗? 你弟弟(可爱)吗?
2과 **안부** ...29	요즘 어떻습니까? 最近**怎么样**?	怎么样 판단 동사 是 부정 부사 不 추측/권유의 어기조사 吧	我不(累)。 (非常) 高兴。 他不是(老师), 是(学生)。 你(爸爸) 是老师吧?
3과 **소개** ...43	이름이 뭐예요? 你叫什么名字?	숫자와 양사 一의 성조 변화 변화/발생의 어기조사 了 수량 의문사	这(双) (鞋) 真可爱啊！ 他今年(小学一年级) 了。 (弟弟) 今年几岁? (哥哥) 今年多大?
4과 **약속** ...57	영화관 앞에서 만나요. 在**电影院前边见**面吧。	시간 존재 개사 在 실현/완료 동태조사 了	现在几点? 今天几月几号? 我们在哪儿见面? 我看了一本书。
5과 **쇼핑** ...70	얼마예요? 多少钱?	숫자 읽기 동사와 조동사 要 선택 의문 접속사 还是 한정어 구조조사 的	我要买(红色的) 鞋。 你要(几件) (衣服)? 你要(一瓶) 还是(两瓶)?

주제	제목	문법	핵심 문형
6과 **취미** ...83	주말에 뭐해요? 周末做什么?	경험 동태조사 过 一边……一边…… 선택 접속사 或者 跟……一样	你打(过)高尔夫球吗? 一边(散步)一边(聊天)。 星期天我(踢足球)或者(打篮球)。 你的(手机)跟我的一样。
7과 **길묻기** ...97	지하철역은 어디예요? 地铁站怎么走?	사동 개사 让/使 정반 의문문 기점 개사 从 존재를 나타내는 표현	姐姐让我(在这里等)。 大楼里有没有(咖啡厅)? 她从(银行)出来了。 便利店在学校门口(前边)。
8과 **교통수단** ...110	버스를 타고 출근해요. 我坐公交车上班。	조동사 想, 要, 会, 得[děi] 연동문 거리 개사 离 동사 중첩	我要去(中国)旅游。 我想坐(火车)去。 (北京)离(香港)有点儿远。 我们在这里(坐坐)吧。
9과 **소셜 네트워크** ...123	'좋아요'를 눌러 주세요. 请给我点赞。	결과보어 처치 개사 把 가능보어 상태/정도 보어 得[de]	短信发(错)了。 把(视频)(下载)(到)(电脑里)了。 看(得)(到)注册界面。 机票订得(不)晚。
10과 **음식 주문** ...137	핸드폰을 보고 있어요. 正在看着手机。	지속/진행 동태조사 着[zhe] 부사어 구조조사 地[de] 동량보어 既……又……	她(排)着(队)呢。 他(飞快)地扫码。 现在可以(约)(一次)。 外卖既(方便)又(快捷)。

주제	제목	문법	핵심 문형
11과 **온라인 수업** **...150**	아까보다 또렷해졌어요. 比刚才清晰多了。	방향보어 선택 접속사 要不 비교 개사 比 부정 부사 别	(她) 突然(站) 起来了。 要不，我们看(重播) 吧。 (电脑)比(手机)(操作复杂) 一些。 别(说话)。
12과 **드라마** **...164**	저는 중국 사극에 관심이 많아요. 我对中国古装剧很感兴趣。	이유 접속사 因为 대상 개사 对 越……越…… 가정 접속사 如果	因为那个明星(演技好)，所以她成了他的(忠实粉丝)。 对(爱情剧) 感兴趣。 越(说) 越(紧张)。 如果我是(女主)，就(不会跟他说话)。
13과 **건강** **...178**	며칠 더 쉬는 게 좋겠어요. 最好多休息几天。	早该 最好 只要……，(就) 幸亏	早该(去看病) 了。 最好(打个点滴)。 只要(睡一觉)，就会好起来的。 幸亏及时吃药，才没(发高烧)。
14과 **환경** **...192**	일회용품을 사용하지 말아야 해요. 不要用一次性用品。	전환 접속사 虽然 X是X，但是…… 목적 개사 为了 [wèile] 피동 개사 被	虽然(天气不好)，但是(想出去玩儿)。 (方便) 是(方便)，但是不要滥用。 为了解决(雾霾)，我们要怎么做？ (环境) 被(破坏) 了。

답안 ...206

[부록] 색인 ...210

<예비과> 발음 연습과 문장 성분

1. 성모

b	p	m	f
d	t	n	l
j	q	x	
z	c	s	
zh	ch	sh	r
g	k	h	

2. 기본 운모

a	o	e	i	u	ü

3. 복합 운모

a	ao	ai						an	ang		
o				ou					ong		
e		ei						en	eng		
i	ia	ie		iao	iou	in	ian		ing	iang	iong
u	ua	uo	ui	uai		uei	un	uan	uen	ueng	uang
ü		üe					ün	üan			

4. 성모 없이 운모 i u ü 로 시작하는 음절 쓰기 규칙

실제발음	i	ia	ie	iao	iou	in	ian	ing	iang	iong
쓰기규칙	yi	ya	ye	yao	you	yin	yan	ying	yang	yong

*i in ing 앞에 성모가 없을 때는 i 앞에 y를 붙이고 i 뒤에 다른 운모가 있을 때는 i를 y로 바꾼다.

실제발음	u	ua	uo	uai	uei	uan	uen	ueng	uang
쓰기규칙	wu	wa	wo	wai	wei	wan	wen	weng	wang

*u 뒤에 다른 운모가 없을 때는 u 앞에 w를 붙이고 u 뒤에 다른 운모가 있을 때는 u를 w로 바꾼다.

실제발음	ü	üe	ün	üan
쓰기규칙	yu	yue	yun	yuan

* ü 앞에 성모가 없을 때는 ü를 u로 바꾸고 앞에 y를 붙인다.

5. 성모로 시작할 때 운모 쓰기 규칙

ü	ju	qu	xu		
uei	zui/zhui	cui/chui	sui/shui		
iou	diu	liu	jiu	qiu	xiu
uen	dun	lun	zun/zhun	cun/chun	sun/shun

6. j q x 와 z/zh c/ch s/sh가 결합하는 운모 쓰기와 실제 발음

	J	q	x	z/zh	c/ch	s/sh
i [i]	ji	qi	xi			
i [ɿ]				zi/zhi	ci/chi	si/shi
u				zu/zhu	cu/chu	su/shu
ü	ju	qu	xu			
uan				zuan/zhuan	cuan/chuan	suan/shuan
üan	juan	quan	xuan			

* lü nü의 경우 키보드에 ü가 없고 또 lu nu와 구별하기 위해 lv nv로 입력한다.

7. 성조

1성	2성	3성	4성
→	↗	↘↗	↘

단, 경성으로 약하게 발음하는 음절에는 성조를 표기하지 않는다.

8. 성조 표기 규칙

1) 성조는 운모 위에 표기하며 여러 개의 운모가 있을 때 아래의 순서에 따른다.

a o e i u ü

예) áo ài uó òu éi iè

단, iu 와 ui 는 뒤에 오는 운모 위에 성조를 표기한다.

예) liú duì

2) a o e로 시작하는 음절이 다른 음절 뒤에 나올 때 혼동이 올 수 있으므로 격음부호 '를 써서 구분한다.

Xī'ān(西安)　　　　xiān(先)

kù'ài(酷爱)　　　　kuài(快)

shēng'ǒu(生藕)　　shēngōu(深沟)

míng'é(名额)　　　míngē(民歌)

9. 중국어 문장 성분

중국어는 어순이 고정되어 있어, 문장 의미에 따라 단어를 배열한다.

주어		부사어	술어				
한정어	중심어		술어			목적어	
			술어	보어	한정어	중심어	
我	妈妈	已经	做	完	红色	毛衣	
wǒ	māma	yǐjing	zuò	wán	hóngsè	máoyī	
나	엄마	이미	만들다	끝나다	빨간색	스웨터	

我妈妈已经做完红色毛衣。

우리 엄마는 빨간색 스웨터를 이미 다 만들었다.

1과 안녕하세요!
你好！

学霸 [xuébà] 성적이 우수한 학생

霸는 <패왕별희>의 '패'자로 헤게모니를 장악한 인물, 보스 등을 나타내는 뜻으로, 특정 분야에서 능력이 뛰어난 사람을 비유적으로 이르는 말이다. 学霸(성적 깡패, 공부 깡패)는 학습능력이 출중하고 모든 방면에서 우수한 성적을 받으며 시니컬한 성격을 가지고 있다. 霸道总裁[bàdàozǒngcái]는 츤데레 본부장, 霸气十足[bàqìshízú]는 카리스마 넘치는 모습을 형용한다.

#1 왕하이쥔은 김민경을 처음 만나 인사를 한다.

어휘

我 [wǒ] 나
你 [nǐ] 너
您 [nín] 당신
他 [tā] 그
她 [tā] 그녀
老师 [lǎoshī] 선생님
大家 [dàjiā] 여러분
爸爸 [bàba] 아빠
妈妈 [māma] 엄마
姥姥 [lǎolao] 외할머니
家人 [jiārén] 가족

好 [hǎo] 좋다
可爱 [kě'ài] 귀엽다
忙 [máng] 바쁘다
累 [lèi] 힘들다
健康 [jiànkāng] 건강하다
和睦 [hémù] 화목하다
快乐 [kuàilè] 즐겁다

心情 [xīnqíng] 마음. 기분
身体 [shēntǐ] 몸. 신체
天气 [tiānqi] 날씨
早上 [zǎoshang] 아침
晚上 [wǎnshang] 저녁

谢谢 [xièxie] 감사합니다
再见 [zàijiàn] 또 만나요
　　　　　　안녕히 가세요 / 계세요
都 [dōu] 모두. 다
很 [hěn] 매우
吗 [ma] 의문을 나타내는 어기조사

문법 설명

1. 인사말

주어 뒤에 형용사 好를 술어로 써서 만났을 때 인사를 한다.

주어	형용사 술어	문장	
你	好	你好。[nǐ hǎo]	안녕.
老师	好	老师好。[lǎoshī hǎo]	선생님 안녕하세요.
大家	好	大家好。[dàjiā hǎo]	여러분 안녕하세요.

2. 형용사 술어문

형용사가 술어로 쓰이는 경우 어떠한 대상의 성질이나 상태를 나타낸다. 형용사 앞에 정도부사 很을 써서 성질이나 상태의 정도를 나타낸다.

주어	부사어	술어	문장	
身体	很	好	身体很好。[shēntǐ hěn hǎo]	건강이 좋아요.
她	很	可爱	她很可爱。[tā hěn kě'ài]	그녀는 귀여워요.
妈妈	很	忙	妈妈很忙。[māma hěn máng]	엄마는 바쁘세요.
他	很	累	他很累。[tā hěn lèi]	그는 지쳤어요.

3. 3성의 변화

3성과 3성이 만나면 앞 음절의 3성이 2성으로 변한다.

3성과 다른 성조가 만나면 앞 음절의 3성이 반3성으로 변한다.

4. 의문의 어기조사 吗

평서문의 끝에 조사 吗를 더하면 의문을 나타내는 표현이 된다.

A: 你忙吗? [nǐ máng ma] B: 我很忙。[wǒ hěn máng]	바쁘세요? 바쁩니다.
A: 天气好吗? [tiānqì hǎo ma] B: 天气很好。[tiānqì hěn hǎo]	날씨가 좋은가요? 날씨가 좋습니다.

⚠️ 형용사가 술어일 때 吗 의문문에서는 정도 부사를 쓰지 않는다.
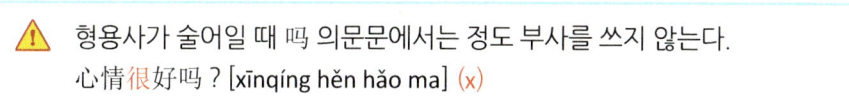

왕하이쥔과 그의 아버지 왕이신은 김민경을 엘리베이터에서 만나 첫인사를 한다.

王一新: 你好！
　　　　nǐ hǎo！

金珉京: 您好！
　　　　nín hǎo！

王海俊: 早上好！
　　　　zǎoshang hǎo！

金珉京: 你好！
　　　　nǐ hǎo！

왕이신: 안녕.

김민경: 안녕하세요.

왕하이쥔: 좋은 아침이야.

김민경: 안녕.

1-2

김민경 가족과 왕하이쥔 가족이 식당 앞에서 마주쳤다.

金壮洙: 晚上好！
　　　　wǎnshang hǎo！

崔素廷: 你姥姥身体好吗？
　　　　nǐ lǎolao shēntǐ hǎo ma?

王海俊: 她很好。谢谢！
　　　　tā hěn hǎo。xièxie！

············

王一新: 再见！
　　　　zàijiàn！

金壮洙: 再见！
　　　　zàijiàn！

대화 2

김장수: (저녁 인사) 안녕하세요?
최소정: 할머니는 건강하세요?
왕하이쥔: 네, 건강하십니다. 감사합니다.

왕이신: 안녕히 가세요.
김장수: 안녕히 가세요.

1과 안녕하세요! 你好！ 21

 **왕하이펌의 오늘 일기**

我家人都很健康。我们很和睦。我很快乐。
wǒ jiārén dōu hěn jiànkāng。 wǒmen hěn hémù。 wǒ hěn kuàilè。

우리 가족은 모두 건강하다. 우리는 화목하다. 나는 매우 즐겁다.

보충 단어   1-4

대명사	가족 명칭
它 [tā] 그것 我们 [wǒmen] 우리 你们 [nǐmen] 너희들 他们 [tāmen] 그들	爸爸 [bàba] 아빠 妈妈 [māma] 엄마 姐姐 [jiějie] 언니. 누나 哥哥 [gēge] 오빠. 형 妹妹 [mèimei] 여동생 弟弟 [dìdi] 남동생 爷爷 [yéye] 할아버지 奶奶 [nǎinai] 할머니 姥爷 [lǎoye] 외할아버지 姥姥 [lǎolao] 외할머니

姐姐　妹妹　哥哥

爷爷　奶奶

연습문제

[문법 활용] 아래의 단어를 하나씩 대체하여 문장을 완성하십시오.

1. (　　　　) 很累。

   | 我　他　爸爸 |

2. 姐姐很 (　　　　)。

   | 好　累　快乐 |

3. (　　　　) 好吗?

   | 身体　心情　天气 |

4. 你弟弟 (　　　　) 吗?

   | 可爱　忙　健康 |

[어휘 익히기] 아래의 사진과 단어가 맞으면 O, 틀리면 X 표 하십시오.

1. 爷爷 (   )

2. 弟弟 (   )

[대화하기] 아래 질문에 맞는 대답을 찾아 연결하십시오.

1. 你身体好吗？　　　　　A. 很可爱。

2. 你弟弟可爱吗？　　　　B. 很好。

[문장 익히기] 빈칸에 들어갈 단어를 고르십시오.

| A 可爱 | B 身体 | C 健康 | D 天气 |

1. 你 (　　　) 好吗？

2. 他很 (　　　)。

연습문제

[말하기] 한국어와 일치하는 말을 찾아 말해 보십시오.

> A 再见。[zàijiàn]
>
> B 晚上好！[wǎnshang hǎo]
>
> C 谢谢！[xièxie]

1. (저녁에 만났을 때) 안녕하세요?

2. 안녕히 가세요.

3. 감사합니다!

[문장 완성하기] 다음 문장을 주어진 단어를 사용하여 완성하고, 소리내어 말해 보십시오.

1. 好   您

   안녕하세요!

   ☞ _____!

2. 早   好   上

   좋은 아침입니다!

   ☞ _____!

3. 身体　好　吗　你姥姥

   외할머니 건강은 괜찮으시니?

   ☞ _____ ?

4. 很　快乐　都　我们

   우리는 모두 매우 즐겁습니다.

   ☞ _____ 。

[어휘 쓰기] 다음 단어를 따라 써 보십시오.

1. 你好。

nǐ	hǎo

2. 可爱

kě	ài

연습문제

3. 心情

4. 谢谢！

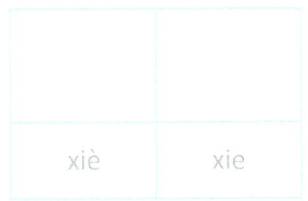

5. 我家人都很健康。

wǒ	jiā	rén	dōu	hěn	jiàn	kāng

2과   요즘 어떻습니까?
最近怎么样？

夜经济 [yèjīngjì] 야간 경제

80后[bālínghòu](1980년대 이후 태생 세대), 90后[jiǔlínghòu](1990년대 이후 태생 세대)가 사회에 진출하면서 저녁 늦은 시간까지 여가를 즐기는 문화 생활이 생겨났다. 이로 인해 베이징에는 夜京城[yèjīngchéng](야간 경제에 특화된 상권)이 지정될 정도로 夜生活[yèshēnghuó](야간 문화 생활)을 즐기는 소비층이 조성되었다. 밤에 만리장성을 구경할 수 있도록 夜长城[yèchángchéng] 투어도 인기를 끌고 있다.

#2 왕하이쥔과 김민경 모두 베이징대학교를 다니기 때문에 학교에서 가끔 마주친다.

어휘

今天 [jīntiān] 오늘
最近 [zuìjìn] 요즘
天空 [tiānkōng] 하늘

怎么样 [zěnmeyàng] 어떠하다
漂亮 [piàoliang] 예쁘다
高兴 [gāoxìng] 기쁘다
巧 [qiǎo] 공교롭다
不错 [búcuò] 좋다. 괜찮다
晴朗 [qínglǎng] 청명하다
有意思 [yǒuyìsi] 재미있다

非常 [fēicháng] 매우
特别 [tèbié] 특히
不太 [bú tài] 그다지 ~하지 않다
太……了 [tài …… le] 너무
真 [zhēn] 진짜. 참으로
不 [bù] 아니다

学生 [xuésheng] 학생
老师 [lǎoshī] 선생님
孩子 [háizi] 아이
邻居 [línjū] 이웃
学校 [xuéxiào] 학교
大学 [dàxué] 대학교
北京 [Běijīng] 베이징. 북경

是 [shì] 이다
好久不见 [hǎo jiǔ bú jiàn] 오랜만이다
学习 [xuéxí] 공부하다
见到 [jiàndào] 만나다

吧 [ba] 추측, 명령의 어기조사
啊 [a] 감탄, 의문의 어기조사

문법 설명

1. 怎么样

어떤 대상의 성질이나 상태가 어떠한지를 묻는 의문사이다.

주어	술어	문장	
天气 身体 心情	怎么样	天气怎么样？[tiānqì zěnmeyàng] 身体怎么样？[shēntǐ zěnmeyàng] 心情怎么样？[xīnqíng zěnmeyàng]	날씨가 어때요? 건강이 어때요? 기분이 어때요?

2. 판단 동사 是

'~이다'를 나타내는 동사이다.

주어	술어	목적어	문장	
我 她 他	是	学生 老师 孩子	我是学生。[wǒ shì xuésheng] 她是老师。[tā shì lǎoshī] 他是孩子。[tā shì háizi]	나는 학생이다. 그녀는 선생님이다. 그는 아이이다.

3. 부정 부사 不

'아니다'를 나타내는 부정 부사이다. 주로 동사, 형용사의 앞에 쓰인다.

不+형용사	我不忙。[wǒ bù máng] 我不累。[wǒ bú lèi] 他身体不好。[tā shēntǐ bù hǎo]	나는 바쁘지 않다. 나는 피곤하지 않다. 그는 건강이 좋지 않다.
不+동사	他不是孩子。[tā bú shì háizi]	그는 아이가 아니다.

⚠️ 不[bù]의 발음 변화

不 bù + 1,2,3성	不高兴 [bù gāoxìng] 不忙 [bù máng] 不可爱 [bù kě'ài]
不 bú + 4성	不累 [bú lèi] 不漂亮 [bú piàoliang]

4. 추측/권유의 어기조사 吧

문장의 제일 뒤에 쓰여 '추측' 또는 '명령, 권유'를 나타내는 어기조사이다.

추측	您是老师吧？[nín shì lǎoshī ba]	당신은 선생님이시죠?
명령/권유	我们学习吧。[wǒmen xuéxí ba]	우리 공부하자.

김민경과 왕하이쥔은 베이징대에서 우연히 만나게 된다. 하이쥔이 먼저 알아보고 민경에게 말을 건다.

王海俊: 珉京, 好久不见。见到你, 我很高兴。
　　　　Mínjīng, hǎojiǔbújiàn。jiàndào nǐ, wǒ hěn gāoxìng。

金珉京: 你好！真巧啊。
　　　　nǐhǎo！zhēn qiǎo a。

王海俊: 最近学习怎么样？
　　　　zuìjìn xuéxí zěnmeyàng？

金珉京: 很有意思。
　　　　hěn yǒuyìsi。

하이쥔: 민경 씨 오랜만이에요. 만나서 반가워요.
김민경: 안녕하세요? 와 이런 우연이.
하이쥔: 요즘 공부는 어때요?
김민경: 매우 재미있어요.

 2-2

아파트 옆 공원에 운동 나온 최소정은 이웃집 리나를 만난다.

崔素廷: 李娜, 你好。最近忙吧？
　　　　Lǐ Nà, nǐ hǎo。zuìjìn máng ba？

李　娜: 好久不见！最近不忙。
　　　　hǎojiǔbújiàn！zuìjìn bù máng。

崔素廷: 今天天气很好啊！
　　　　jīntiān tiānqì hěn hǎo a！

李　娜: 是, 天空非常晴朗。
　　　　Shì, tiānkōng fēicháng qínglǎng。

대화 2

최소정: 리나 씨 안녕하세요. 요즘 바쁘시죠?
리　나: 오랜만이에요. 요즘 바쁘지 않아요.
최소정: 오늘 날씨 정말 좋네요!
리　나: 네, 하늘이 아주 맑아요.

 **김민경의 오늘 일기**  2-3

今天天气非常好。北京大学特别大。

jīntiān tiānqì fēicháng hǎo。 Běijīng dàxué tèbié dà。

学校里见到王海俊，我们是邻居。我心情很不错。

xuéxiàoli jiàndào Wáng Hǎijùn, wǒmen shì línjū。 wǒ xīnqíng hěn búcuò。

오늘은 날씨가 아주 화창했다. 북경대학교는 아주 넓다.

학교에서 왕하이쥔을 만났다. 우리는 이웃이다. 나는 기분이 매우 좋다.

보충 단어

감사를 표할 때	A: 谢谢。[xièxie] B: 不客气。[bú kèqì]	A: 감사합니다. B: 별말씀을요.
사과할 때	A: 对不起。[duì bu qǐ] B: 没关系。[méi guānxi]	A: 미안합니다. B: 괜찮아요.
근황을 물을 때	A: 最近学习忙吗？[zuìjìn xuéxí máng ma] B: 还行。[hái xíng]	A: 요즘 공부하느라 바쁜가요? B: 그럭저럭 괜찮아요.
아침 인사	A: 早。[zǎo] B: 早上好。[zǎoshang hǎo]	A: 안녕하세요. B: 좋은 아침입니다.
잠 자러 갈 때	A: 晚安。[wǎn'ān] B: 晚安。[wǎn'ān]	A: 잘 자요. B: 안녕히 주무세요.

对不起

谢谢

晚安

早上好

연습문제

[문법 활용] 아래의 단어를 하나씩 대체하여 문장을 완성하십시오.

1. 我不（　　　）。

忙
可爱
累
快乐

2. （　　　）高兴。

不
非常
不太
真

3. 他不是（　　　）, 是（　　　）。

学生, 老师
弟弟, 哥哥
姥爷, 爷爷

4. 你（　　　）是老师吧？

爸爸
妈妈
姐姐

연습문제

[어휘 익히기] 아래의 사진과 단어가 맞으면 O, 틀리면 X 표 하십시오.

1. 天空 (   )

2. 学习 (   )

[대화하기] 아래 질문에 맞는 대답을 찾아 연결하십시오.

1. 今天天气怎么样?   A: 非常晴朗。

2. 最近忙吧?   B: 不太忙。

[문장 익히기] 빈칸에 들어갈 단어를 고르십시오.

A 天气	B 高兴	C 有意思	D 最近

1. 你妹妹 (   ) 怎么样?

2. 今天 (   ) 不好。

[말하기] 한국어와 일치하는 말을 찾아 말해 보십시오.

> 最近怎么样？[zuìjìn zěnmeyang]
> 好久不见。[hǎojiǔbújiàn]
> 奶奶身体好吗？[nǎinai shēntǐ hǎo ma]

1. 오랜만에 만났을 때

    A: 오랜만이에요. A: _____

    B: 오랜만이에요. B: _____

2. 근황을 물을 때

    A: 요즘 어떠세요? A: _____

    B: 그럭저럭 괜찮아요. B: 还行。

3. 건강에 대해 물을 때

    A: 할머니는 건강하신가요? A: _____

    B: 좋으세요. B: 很不错。

연습문제

[문장 완성하기] 다음 문장을 주어진 단어를 사용하여 완성하고, 소리내어 말해 보십시오.

1. 天气   怎么样   今天

    오늘 날씨는 어때요?

    ☞ _____ ?

2. 心情   好   非常

    기분이 매우 좋아요.

    ☞ _____ 。

3. 学习   好   最近   不太

    요즘 공부가 별로 잘 안 돼.

    ☞ _____ 。

4. 他   老师   是

    그는 선생님입니다.

    ☞ _____ 。

[어휘 쓰기] 다음 단어를 따라 써 보십시오.

1. 今天

2. 心情

3. 怎么样?

연습문제

4. 好久不见！

hǎo	jiǔ	bú	jiàn

5. 今天天气非常好。

jīn	tiān	tiān	qì	fēi	cháng	hǎo

3과 이름이 뭐예요?
你叫什么名字？

姐弟恋 [jiědìliàn] 연상연하커플

2021년도 중국 정부 관련 기관의 통계에 따르면 연상연하 결혼 커플이 40%에 달한다고 한다. 전통적인 관념으로 남자가 나이가 많아야 한다는 생각은 여성의 사회 진출로 인해 '나이' 등의 조건이 남녀 관계에 큰 영향을 주지 않게 되었다. 异地恋[yìdìliàn](장거리 연애)은 직장과 학업 등 이유로 타도시의 연인과 연애를 하는 커플로 통신의 발달과 직업에 대한 중요도가 높아지면서 점점 많은 젊은이들이 이런 비정형 연애나 결혼을 선택하고 있다.

#3 왕하이쥔은 강아지를 데리고 종종 산책을 나온다. 함께 산책을 나온 외할머니는 처음으로 김민경 남매를 만난다.

어휘

 3-0

名字 [míngzi] 이름
年级 [niánjí] 학년
小学 [xiǎoxué] 초등학교
大学 [dàxué] 대학교
初中 [chūzhōng] 중학교
高中 [gāozhōng] 고등학교
小狗 [xiǎogǒu] 강아지

几 [jǐ] 몇
多大 [duōdà] (나이가) 얼마인가?
多重 [duōzhòng] (무게가) 얼마인가?
大 [dà] 크다
小 [xiǎo] 작다

叫 [jiào] 부르다
认识 [rènshi] 알다
喜欢 [xǐhuan] 좋아하다

个 [ge] 개 [물건을 세는 양사]
名 [míng] 명 [사람을 세는 양사]
岁 [suì] 세. 살 [나이를 세는 양사]
只 [zhī] 마리 [작은 동물을 세는 양사]
斤 [jīn] 500그램
左右 [zuǒyòu] 정도

这 [zhè] 이
那 [nà] 저
什么 [shénme] 무엇
今年 [jīnnián] 올해
了 [le] 변화를 나타내는 어기조사

문법 설명

1. 숫자와 양사

一 [yī] 일   二 [èr] / 两 [liǎng] 이   三 [sān] 삼   四 [sì] 사   五 [wǔ] 오
六 [liù] 육   七 [qī] 칠   八 [bā] 팔   九 [jiǔ] 구   十 [shí] 십
零 / 〇 [líng] 영

양사란 숫자 뒤, 명사 앞에 놓여 분량이나 수량의 단위를 나타내는 성분이다. 명사의 특징에 따라 서로 다른 양사를 사용한다. 중국어는 한국어에 비해 매우 복잡한 양사 체계를 가지고 있다.

一个 [yí ge] 한 개   一岁 [yí suì] 한 살

> 二은 단독으로 쓰이거나 서수를 나타낼 때 쓰인다. 两은 양사와 함께 쓰인다.
>
> 两个 [liǎng ge] 두 개
> 两块 [liǎng kuài] 두 조각
> 两天 [liǎng tiān] 이틀

2. 一 [yī]의 성조 변화

Yī 단독으로 쓰이거나, 서수로 쓸 때, 마지막 음절일 때	一月一日 [yī yuè yī rì] 일월 일일
yí + 4성	一岁 [yí suì] 한 살
yì + 1,2,3성	一天 [yì tiān] 하루 一名 [yì míng] 한 명 一起 [yì qǐ] 함께

3. 변화/발생의 어기조사 了

사건의 변화나 발생을 나타낼 때 문장 제일 뒤에 쓴다.

身体好了。 [shēntǐ hǎo le] 건강이 좋아졌다.
今年十九岁了。 [jīnnián shíjiǔsuì le] 올해 19살이 되었다.

4. 수량 의문사 几와 多大

열 살 이하의 나이를 물을 때는 '几', 열 살 이상의 나이를 물을 때는 '多大'를 쓴다.

你今年多大？ [nǐ jīnnián duōdà] 당신은 올해 몇 살입니까?
你孩子几岁啊？ [nǐ háizi jǐsuì a] 당신 아이는 몇 살이에요?

김경모는 검정 푸들을 보고 귀엽다며 따라가다가 강아지와 산책을 나온 왕하이쥔을 만난다.

金京慕: 你好。这只狗几岁了？
　　　　nǐ hǎo。zhèzhī gǒu jǐsuì le？

王海俊: 三岁了。你多大啊？
　　　　sānsuì le。nǐ duōdà a？

金京慕: 我今年十一岁。这只狗真可爱啊！多重啊？
　　　　wǒ jīnnián shíyīsuì。zhèzhī gǒu zhēn kě'ài a！duōzhòng a？

王海俊: 4斤左右吧。
　　　　sìjīn zuǒyòu ba。

金京慕: 太小了！
　　　　tài xiǎo le！

대화 1

김경모: 안녕하세요. 이 강아지 몇 살이에요?

왕하이쥔: 3살이야. 너는 몇 살이니?

김경모: 저는 올해 11살이에요. 이 강아지 정말 귀여워요. 몸무게가 어떻게 돼요?

왕하이쥔: 2키로 정도 될 거야.

김경모: 너무 작네요!

왕하이쥔은 외할머니께 김민경 남매를 소개시켜 준다.

王海俊: 姥姥, 这是金珉京, 那是金京慕。
　　　　lǎolao, zhè shì Jīn Mínjīng, nà shì Jīn Jīngmù。

姥　姥: 认识你们真高兴。几年级了？
　　　　rènshi nǐmen zhēn gāoxìng。jǐniánjí le？

金珉京: 我大三, 我弟弟小学四年级。
　　　　wǒ dàsān, wǒ dìdi xiǎoxué sìniánjí。

金京慕: 奶奶, 小狗很可爱。它叫什么名字？
　　　　nǎinai, xiǎogǒu hěn kě'ài。tā jiào shénme míngzi？

姥　姥: 它叫咖米。
　　　　tā jiào kāmǐ。

대화 2

왕하이쥔: 외할머니, 얘는 김민경이고 쟤는 김경모라고 해요.
외할머니: 반갑다. 몇 학년이니?
김민경: 저는 대학교 3학년이고 동생은 초등학교 4학년이에요.
김경모: 할머니, 강아지 너무 귀여워요. 얘 이름이 뭐예요?
외할머니: 까미라고 부른단다.

김경모의 오늘 일기

我喜欢狗。邻居家的狗非常小。它叫咖米, 三岁, 四斤。
wǒ xǐhuan gǒu。Línjūjiā de gǒu fēicháng xiǎo。tā jiào kāmǐ, sānsuì, sìjīn。

나는 강아지를 좋아한다. 옆집 강아지는 매우 작다.
이름은 까미이고 3살이며 2킬로그램이다.

보충 단어

양사	명사
个 [ge] 일반적인 물건	人 [rén] 사람
双 [shuāng] 쌍, 켤레	鞋 [xié] 신발
瓶 [píng] 병	可乐 [kělè] 콜라
杯 [bēi] 컵	书 [shū] 책
本 [běn] 권	电影 [diànyǐng] 영화
部 [bù] (서적, 영화 등) 편, 부	
米 [mǐ] 미터	

四本书

一双鞋

五个人

一只狗

연습문제

[문법 활용] 아래의 단어를 하나씩 대체하여 문장을 완성하십시오.

1. (　　　　) 今年几岁？

   弟弟
   妹妹
   小狗

2. (　　　　) 今年多大？

   你
   姐姐
   哥哥

3. A: 他今年几年级？　B: 他今年 (　　　　　　)。

   小学四年级
   初中二年级
   高中三年级
   大学一年级

4. 这 (　　　　) (　　　　) 真可爱啊！

   只, 狗
   双, 鞋
   个, 人

연습문제

[어휘 익히기] 아래의 사진과 단어가 맞으면 O, 틀리면 X 표 하십시오.

1. 狗 (   )

2. 奶奶 (   )

[대화하기] 아래 질문에 맞는 대답을 찾아 연결하십시오.

1. 她叫什么名字?   A: 我今年7岁。

2. 你几岁了?   B: 她叫李娜。

[문장 익히기] 빈칸에 들어갈 단어를 모두 고르십시오.

A 斤	B 岁	C 年级	D 天

1. 你几 (   ) 啊?

2. 我小狗五 (   ) 了。

[말하기] 한국어와 일치하는 말을 찾아 말해 보십시오.

我叫金珉京。[wǒ jiào Jīn Mínjīng]	你今年多大年纪？[nǐ jīnnián duōdà niánjì]
我一米六五。[wǒ yì mǐ liùwǔ]	它三斤。[tā sān jīn]
你叫什么名字？[nǐ jiào shénme míngzi]	我十一岁。[wǒ shíyī suì]

1. 이름을 묻고 대답할 때

   A: 너의 이름은 뭐야?　　　　　　A: _____

   B: 나는 김민정이라고 해.　　　　　B: _____

2. 나이를 묻고 대답할 때

   A: 너는 올해 몇 살이야?　　　　　A: _____

   B: 나는 올해 스물한 살이야.　　　 B: 我今年二十一岁。

3. 몸무게를 묻고 대답할 때

   A: 네 강아지 무게는 얼마나 돼?　 A: 你小狗多重？

   B: 1.5키로야.　　　　　　　　　　B: _____

연습문제

[문장 완성하기] 다음 문장을 주어진 단어를 사용하여 완성하고, 소리내어 말해 보십시오.

1. 什么   名字   你   叫

   이름이 무엇입니까?

   _____ ?

2. 狗   真   这   只   啊   可爱

   이 강아지 정말 귀여워!

   _____ !

3. 四年级   弟弟   小学

   남동생은 초등학교 4학년이에요.

   _____ 。

4. 十一岁   了   我   今年

   저는 올해 11살입니다.

   _____ 。

[어휘 쓰기] 다음 단어를 따라 써 보십시오.

1. 小学

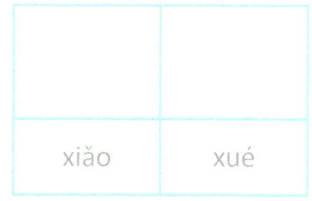

2. 认识

3. 喜欢

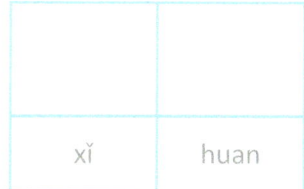

연습문제

4. 你多大啊?

nǐ	duō	dà	a

5. 认识你们真高兴。

rèn	shi	nǐ	men	zhēn	gāo	xìng

4과 영화관 앞에서 만나요.
在电影院前边见面吧。

自助服务机 [zìzhùfúwùjī] 키오스크(kiosk)

셀프 서비스가 발달함에 따라 음식점, 매표소 등 상점에서 점원을 대신하여 自助结账[zìzhù jiézhàng](무인결제) 시스템을 장착한 간이 판매대가 보급되고 있다. 주로 触摸屏[chùmōpíng](터치스크린) 방식으로 조작이 간편하다.

#4 왕하이쥔은 김민경에게 데이트 신청을 한다. 둘은 영화를 보고 나서 마라탕을 먹으러 가기로 한다.

어휘

 4-0

在 [zài] ~에 / ~에서
跟 [gēn] ~와 / 과
一起 [yìqǐ] 함께
有点儿 [yǒudiǎnr] 조금
就 [jiù] 곧

吃 [chī] 먹다
看 [kàn] 보다
见面 [jiànmiàn] 만나다
不见不散 [bújiànbúsàn] 만날 때까지 기다리다
有 [yǒu] 있다
请客 [qǐngkè] 한턱내다
行 [xíng] 좋다. 괜찮다

饿 [è] 배고프다
有趣 [yǒuqù] 흥미롭다
有名 [yǒumíng] 유명하다
紧张 [jǐnzhāng] 긴장하다
好吃 [hǎochī] 맛있다

时间 [shíjiān] 시간
饭 [fàn] 밥
家 [jiā] 집 / 상점을 세는 양사
哪儿 [nǎr] 어디
前边 [qiánbiān] 앞
附近 [fùjìn] 근처
门口 [ménkǒu] 입구

电影 [diànyǐng] 영화
麻辣烫 [málàtàng] 마라탕
店 [diàn] 점포. 상점
餐厅 [cāntīng] 음식점
电影院 [diànyǐngyuàn] 영화관
自动 [zìdòng] 자동
售票机 [shòupiàojī] 매표기
朋友 [péngyou] 친구

문법 설명

1. 시간

언제 什么时候 [shénme shíhòu]

무슨 요일 星期几 [xīngqī jǐ]
星期一 [xīngqī yī] 월요일　　星期二 [xīngqī èr] 화요일　　星期三 [xīngqī sān] 수요일 星期四 [xīngqī sì] 목요일　　星期五 [xīngqī wǔ] 금요일　　星期六 [xīngqī liù] 토요일 星期日 [xīngqī rì] / 星期天 [xīngqī tiān] 일요일

몇 시 몇 분 几点几分 [jǐ diǎn jǐ fēn]	
点 [diǎn]	一点 [yī diǎn] 한 시 两点 [liǎng diǎn] 두 시
分 [fēn]	零五(分) [líng wǔ (fēn)] 5분 一刻 [yī kè] 15분 半 [bàn] 30분
秒 [miǎo]	十五秒 [shí wǔ miǎo] 15초 三十秒 [sān shí miǎo] 30초
差 [chà]	差十分五点 [chà shí fēn wǔ diǎn] 5시 10분전

하루 一天 [yī tiān]
早上 [zǎoshang]　　아침 上午 [shàngwǔ]　　오전 中午 [zhōngwǔ]　　점심 下午 [xiàwǔ]　　오후 晚上 [wǎnshang]　　저녁

2. 존재 개사 在

'~에, ~에서'라는 뜻으로 술어 앞이나 뒤에서 동작이 발생하는 장소를 나타낸다.

他在学校学习。[tā zài xuéxiào xuéxí] 그는 학교에서 공부를 한다.
他在电影院看电影。[tā zài diànyǐngyuàn kàn diànyǐng] 그는 영화관에서 영화를 본다.

3. 실현/완료의 동태조사 了

술어 동사 바로 뒤에서 동작이 실현, 완료되었음을 나타낸다. 목적어는 주로 수량사의 수식을 받는다.

他看了一部电影。[tā kàn le yíbù diànyǐng] 그는 영화 한 편을 보았다.

> 목적어에 수식어가 없는 경우는 뒤따르는 동작이 있어야 한다.
> 他吃了饭, 就学习。[tā chī le fàn, jiù xuéxí] 그는 밥을 먹고, 공부를 한다.

왕하이쥔은 아파트 앞에서 김민경을 기다리고 있다가 김민경이 나오자 수줍게 말을 건넨다.

王海俊: 珉京, 星期六上午有时间吗？跟我一起看4D电影, 怎么样？
Mínjīng, xīngqīliù shàngwǔ yǒu shíjiān ma？gēn wǒ yìqǐ kàn sìD diànyǐng, zěnmeyàng？

金珉京: 好, 我喜欢4D电影。
hǎo, wǒ xǐhuan sìD diànyǐng。

王海俊: 我们在哪儿见？
wǒmen zài nǎr jiàn？

金珉京: 在电影院自动售票机前见面吧。
zài diànyǐngyuàn zìdòng shòupiàojī qián jiànmiàn ba。

王海俊: 行, 不见不散。
Xíng, bújiànbúsàn。

대화 1

왕하이쥔: 민경 씨, 토요일 오전에 시간 있어요? 저랑 4D 영화 보는 거 어때요?
김민경: 네, 저 4D 영화 좋아해요.
왕하이쥔: 우리 어디에서 만날까요?
김민경: 영화관 자동 매표기 앞에서 만나요.
왕하이쥔: 좋아요. 약속했어요.

왕하이쥔과 김민경은 영화관을 나오며 다정하게 이야기를 나눈다.

金珉京: 电影太有趣了。
　　　　diànyǐng tài yǒuqù le。

王海俊: 是, 非常有意思。我有点儿饿。我们吃饭吧。
　　　　shì, fēicháng yǒuyìsi。 wǒ yǒudiǎnr è。 wǒmen chīfàn ba。

金珉京: 吃麻辣烫, 好吗? 我请客。
　　　　chī málàtàng, hǎoma? wǒ qǐngkè。

王海俊: 好, 附近有一家有名的麻辣烫店。
　　　　hǎo, fùjìn yǒu yìjiā yǒumíng de málàtàngdiàn。

김민경: 영화가 흥미롭네요.
왕하이쥔: 네, 너무 재미있었어요. 배가 좀 고프네요. 밥 먹으러 가요.
김민경: 마라탕 먹는 거 괜찮아요? 제가 살게요.
왕하이쥔: 좋지요. 근처에 유명한 마라탕 집이 있어요.

 **왕하이띤의 오늘 일기**  4-3

今天跟珉京看了4D电影。我有点儿紧张。

jīntiān gēn Mínjīng kàn le sìD diànyǐng。 wǒ yǒudiǎnr jǐnzhāng。

我们在附近吃了麻辣烫。麻辣烫非常好吃。

wǒmen zài fùjìn chī le málàtàng。 málàtàng fēicháng hǎochī。

오늘 민경이와 4D 영화를 봤다. 나는 조금 긴장됐다.

우리는 근처에서 마라탕을 먹었다. 마라탕이 너무 맛있었다.

보충 단어   4-4

| 去年[qùnián] 작년 | 今年[jīnnián] 올해 | 明年[míngnián] 내년 |

上个月[shàng ge yuè] 지난달
这个月[zhè ge yuè] 이번달
下个月[xià ge yuè] 다음달

上个星期[shàng ge xīngqī] 지난주
这个星期[zhè ge xīngqī] 이번주
下个星期[xià ge xīngqī] 다음주

前天[qiántiān] 그저께
昨天[zuótiān] 어제
今天[jīntiān] 오늘
明天[míngtiān] 내일
后天[hòutiān] 모레

过去[guòqù] 과거
现在[xiànzài] 현재/지금
未来[wèilái] 미래

12月 / 2024

日	一	二	三	四	五	六
				1	2	3 初十
4	5	6	7 大雪	8 十五	9	10
11	12	13 二十	14	15	16	17
18 廿五	19	20	21	22 冬至	23 初一	24 平安夜
25 圣诞节	26	27 初五	28	29	30	31

연습문제

[문법 활용] 아래의 단어를 하나씩 대체하여 문장을 완성하십시오.

1. A: 现在几点？　　　　　　　B: _____

   > 上午十点半。
   > 下午两点一刻。

2. A: 今天几月几号？　　　　　B: _____

   > 今天二月二号。
   > 今天四月十号。

3. A: 明天星期几？　　　　　　B: _____

   > 明天星期六。
   > 明天星期天。

4. A: 我们在哪儿见面？　　　　B: _____

   > 我们在学校见面吧。
   > 我们在你家见面吧。

연습문제

[어휘 익히기] 아래의 사진과 단어가 맞으면 O, 틀리면 X 표 하십시오.

1. 电影院 (   )

2. 餐厅 (   )

[대화하기] 아래 질문에 맞는 대답을 찾아 연결하십시오.

1. 我们在哪儿见面?　　　　A: 星期六。

2. 什么时候有时间?　　　　B: 在学校。

[문장 익히기] 빈칸에 들어갈 단어를 고르십시오.

| A 附近 | B 紧张 | C 有意思 | D 好吃 |

1. 这部电影 (　　　) 吗?

2. 我们在餐厅 (　　　) 见面吧。

[말하기] 한국어와 일치하는 말을 찾아 말해 보십시오.

> A 我们一起吃饭吧。[wǒmen yìqǐ chī fàn ba]
> B 下午12点在学校门口见吧。[xiàwǔ shí'èr diǎn zài xuéxiào ménkǒu jiàn ba]
> C 你有时间吗？[nǐ yǒu shíjiān ma]

1. 시간 있어요?

2. 오후 12시에 학교 입구에서 만나요.

3. 우리 함께 밥 먹어요.

[문장 완성하기] 다음 문장을 주어진 단어를 사용하여 완성하고, 소리내어 말해 보십시오.

1. 星期六　时间　吗　下午　有

   토요일 오후에 시간이 있어요?

   ☞_____？

2. 在　电影　电影院　看

   영화관에서 영화를 봐요.

   ☞_____。

연습문제

3. 见面   上午   十点

   오전 10시에 만나요.

   ✎ _____。

4. 他   电影   看了   4D   朋友   跟

   그는 친구와 4D 영화를 봤어요.

   ✎ _____。

[어휘 쓰기] 다음 단어를 따라 써 보십시오.

1. 星期

2. 好吃

3. 电影

diàn	yǐng

4. 不见不散

bú	jiàn	bú	sàn

5. 我们在哪儿见面？

wǒ	men	zài	nǎr		jiàn	miàn

5과 얼마예요?
多少钱?

实体店[shítǐdiàn] 오프라인 매장

网购[wǎnggòu](온라인 쇼핑)이 성행한 후 网店[wǎngdiàn](온라인 숍)에 상대되는 개념으로 기존의 실물 상점을 부르는 '实体店[shítǐdiàn](오프라인 매장)'이라는 말이 뒤늦게 생겨났다. 그러나 배송 서비스의 발달로 店面[diànmiàn](점포) 없이도 경영이 가능한 전자상거래 업태가 늘면서 오프라인 매장이 자취를 감추고 있다.

#5 왕하이쥔과 김민경은 영화를 본 후 더욱 친해지게 된다. 둘은 옷을 사러 쇼핑몰에 간다.

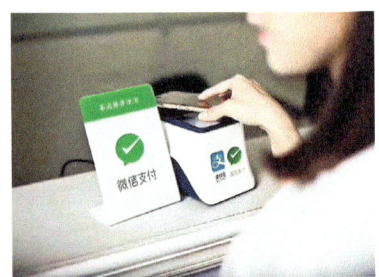

어휘

要 [yào] 원하다
打折 [dǎzhé] 할인하다
穿 [chuān] 입다 / 신다
买 [mǎi] 사다
付 [fù] 지불하다
扫码 [sǎomǎ] QR 또는 바코드를 찍다
退 [tuì] 환불하다
换 [huàn] 교환하다
逛街 [guàngjiē] 쇼핑하다

白色 [báisè] 흰색
黑色 [hēisè] 검은색
颜色 [yánsè] 색깔
衣服 [yīfu] 옷
卫衣 [wèiyī] 후드티
手机 [shǒujī] 핸드폰

码 [mǎ] 치수
大号 [dàhào] 라지. 큰 사이즈
中号 [zhōnghào] 미디움. 중간 사이즈
元 [yuán] 위안. [인민폐의 단위](=块[kuài])
二维码 [èrwéimǎ] QR코드
优惠 [yōuhuì] 우대. 할인
商品 [shāngpǐn] 상품
购物 [gòuwù] 쇼핑
品味 [pǐnwèi] 취향

好看 [hǎokàn] 예쁘다. 보기 좋다
相似 [xiāngsì] 비슷하다
亲切 [qīnqiè] 친절하다
随和 [suíhé] 원만하다. 상냥하다
合得来 [hédelái] 잘 통하다. 잘 맞는다

刚好 [gānghǎo] 마침 맞게
一共 [yígòng] 모두 합해서
还是 [háishi] 또는. [의문문에 주로 쓰임]
这儿 [zhèr] 여기
那儿 [nàr] 저기 / 거기
和 [hé] ~와. ~과

件 [jiàn] 벌. [옷을 세는 양사]
钱 [qián] 돈
谁 [shéi] 누구
多少 [duōshao] 얼마. 몇
多大 [duōdà] (크기, 나이가) 얼마인가
怎么 [zěnme] 어찌. 어떻게

微信 [wēixìn] 위챗. [중국 메신저 서비스]
微信支付 [wēixìn zhīfù] 위챗페이

문법 설명

1. 숫자 읽기

백 단위 이상에서 1로 시작하는 수는 一를 붙여서 읽는다.

100 一百 [yì bǎi]　　　　1000 一千 [yì qiān]

10000 一万 [yí wàn]　　　1100 一千一百 [yì qiān yì bǎi]

숫자 중간에 0이 있는 경우는 반드시 零으로 읽는다.

105 一百零五 [yì bǎi líng wǔ]　　　　10005 一万零五 [yí wàn líng wǔ]

1050 一千零五十 [yì qiān líng wǔ shí]

0으로 끝나는 경우는 자리수를 읽지 않아도 된다. 단, 단위 앞에서는 반드시 자리수를 읽어준다.

1500 一千五 [yì qiān wǔ]　　　　1500元 一千五百元 [yì qiān wǔ bǎi yuán]

2. 동사와 조동사 要

같은 한자가 다른 의미를 나타내는 경우가 있다. 문법 기능이 다르므로 주의해야 한다. 동사 뒤에는 명사 목적어가 오며, 조동사 뒤에는 동사 술어가 온다.

동사(원하다)　　　+ 명사: 你要什么？ [nǐ yào shénme] 당신은 무엇을 원해요?

조동사(하고 싶다) + 동사: 我要吃饭。 [wǒ yào chī fàn] 나는 밥을 먹고 싶다.

> ⚠️ 중국어에는 같은 한자가 의미에 따라 품사가 다른 경우가 있으므로 주의해야 한다.
> 多는 '얼마나'라는 부사와 '많다'라는 형용사의 용법을 갖는다.
>
> 부사(얼마나) + 형용사: 多高？ [duō gāo] 얼마나 커요[높아요]?
> 부사　　　 + 형용사(많다): 很多。 [hěn duō] 매우 많다.

3. 선택 의문 접속사 还是

둘 중 어느 것을 선택할지를 묻는 의문문에 쓴다.

你是老师, 还是学生？ [nǐ shì lǎoshī, háishì xuésheng]
당신은 선생님입니까, 아니면 학생입니까?
你要换, 还是要退？ [nǐ yào huàn, háishì yào tuì]
교환해 드릴까요, 아니면 환불해 드릴까요?

4. 한정어 구조조사 的

명사를 수식할 때 수식어 뒤에 붙인다.

我的手机 [wǒ de shǒujī] 나의 핸드폰   他穿的衣服 [tā chuān de yīfu] 그가 입은 옷

> **[주의]** 수식을 받는 명사가 무엇인지 아는 경우 그 명사를 생략할 수 있다.
>
> A: 这是谁的手机？ [zhè shì shéi de shǒujī] 이것은 누구의 핸드폰입니까?
> B: 我的。 [wǒ de] 제 것입니다.
>
> A: 你要买什么颜色的衣服？ [nǐ yào mǎi shénme yánsè de yīfu] 무슨 색 옷을 사고 싶어?
> B: 我要买红色的。 [wǒ yào mǎi hóngsè de] 나는 빨간색으로 사고 싶어.

 5-1

왕하이쥔은 김민경과 커플티를 사기 위해 백화점에 왔다.

金珉京: 这件卫衣好看, 今天刚好打折。
　　　　zhèjiàn wèiyī hǎokàn, jīntiān gānghǎo dǎzhé。

王海俊: 你喜欢白色的还是黑色的？
　　　　nǐ xǐhuan báisè de háishì hēisè de？

金珉京: 我喜欢白色的。你穿多大码？
　　　　wǒ xǐhuan báisè de。nǐ chuān duōdàmǎ？

王海俊: 我穿大号。
　　　　wǒ chuān dàhào。

김민경: 이 후드티 예쁘다. 오늘 마침 세일을 하고 있어.
왕하이쥔: 흰색이 좋아 아니면 검정색이 좋아?
김민경: 나는 흰색이 좋아. 넌 사이즈가 어떻게 돼?
왕하이쥔: 나는 L사이즈야.

 🎧 5-2

왕하이쥔은 계산대에서 커플티를 구매한다.

售货员: 一共是两件。打七折, 两件一百八十块。
　　　　yígòng shì liǎngjiàn。dǎ qīzhé, liǎngjiàn yìbǎibāshí kuài。

　　　　您要怎么付？
　　　　nín yào zěnme fù？

王海俊: 微信支付。
　　　　wēixìn zhīfù。

售货员: 在这儿扫码。优惠商品不退不换。
　　　　zài zhèr sǎo mǎ。yōuhuì shāngpǐn bútuì búhuàn。

판매원: 모두 2벌입니다. 30% 할인되어서 180위안입니다.
　　　　결제는 어떻게 하시겠습니까?

왕하이쥔: 위챗페이로 하겠습니다.

판매원: 여기에 QR코드를 대주세요. 할인상품은 환불이나 교환이 안 됩니다.

김민경의 오늘 일기 5-3

今天跟海俊逛街。他和我的购物品味很相似。
jīntiān gēn Hǎijùn guàngjiē。tā hé wǒ de gòuwù pǐnwèi hěn xiāngsì。

海俊亲切随和。我们很合得来。
Hǎijùn qīnqiè suíhé。wǒmen hěn hédelái。

오늘 하이쥔과 쇼핑을 했다. 그와 나의 쇼핑 취향이 매우 비슷하다.

하이쥔은 친절하고 상냥하다. 우리는 잘 통한다.

보충 단어

색채어

红 [hóng] 빨강
橙 [chéng] 주황
黄 [huáng] 노랑
绿 [lǜ] 초록
青 [qīng] 파랑
蓝 [lán] 남색
紫 [zǐ] 자주색
灰 [huī] 회색
咖啡色 [kāfēisè] 커피색
褐色 [hèsè] 갈색

黄色

绿色

红色

灰色

연습문제

[문법 활용] 아래의 단어를 하나씩 대체하여 문장을 완성하십시오.

1. 我要买（　　　　）鞋。

红色的
白色的
蓝色的

2. 你要（　　　　）（　　　　）？

几双, 鞋
几件, 衣服
几杯, 可乐

3. 你要（　　　　）还是（　　　　）？

一瓶, 两瓶
大号的, 中号的
逛街, 看电影

[어휘 익히기] 아래의 사진과 단어가 맞으면 O, 틀리면 X 표 하십시오.

1. 鞋子（　）

2. 手机（　）

[대화하기] 아래 질문에 맞는 대답을 찾아 연결하십시오.

1. 你要什么颜色的？　　　　A: 我要两件。

2. 你要几件衣服？　　　　　B: 我要红色的。

[문장 익히기] 빈칸에 들어갈 단어를 고르십시오.

| A 好看 | B 相似 | C 亲切 | D 扫码 |

1. 这件衣服（　　　）吗？

2. 我要（　　　）。

5과 얼마예요? 多少钱？　79

연습문제

[말하기] 한국어와 일치하는 말을 찾아 말해 보십시오.

> A 这双鞋多少钱？[zhèshuāng xié duōshao qián]
> B 这件卫衣打折吗？[zhèjiàn wèiyī dǎzhé ma]
> C 你要什么颜色的？[nǐ yào shénme yánsè de]
> D 他穿大号, 还是中号？[tā chuān dàhào, háishi zhōnghào]

1. 물건 값을 물을 때

2. 색깔을 선택할 때

3. 사이즈를 고를 때

4. 세일을 할 때

[문장 완성하기] 다음 문장을 주어진 단어를 사용하여 완성하고, 소리내어 말해 보십시오.

1. 你   付   怎么   要

   어떻게 결제하시겠어요?

   ☞ _____ ?

2. 还是   黑色的   喜欢   白色的   你

   너는 흰색이 좋아 아니면 검정색이 좋아?

   ☞ _____ ?

3. 八十   块   一共   一百

    모두 백팔십 위안입니다.

    ☞_____。

4. 他   的   购物   和   我   很   相似   品味

    그의 쇼핑 취향은 나와 매우 비슷하다.

    ☞_____。

[어휘 쓰기] 다음 단어를 따라 써 보십시오.

1. 打折

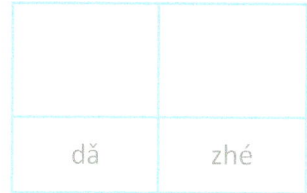

2. 好看

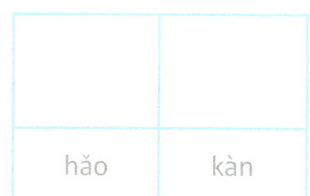

연습문제

3. 相似

xiāng	sì

4. 合得来

hé	de	lái

5. 我喜欢白色的。

wǒ	xǐ	huan	bái	sè	de

6과 주말에 뭐해요?
周末做什么？

工作生活平衡[gōngzuò shēnghuó pínghéng] 워라밸(work & life balance)

현대인은 일뿐 아니라 개인 생활도 중요시하며 둘 사이에 균형을 갖춘 삶을 추구한다. 예전에는 일에서 성과를 내는 것을 인생 최대 목표로 삼았던 것에 비해 현대인들은 일과 개인의 삶을 两不误[liǎngbúwù](둘 다 놓치지 않음)하는 직장을 찾는 추세이다.

#6 주말에 김장수 부부와 왕이신 부부는 함께 골프를 치러 간다. 집에 남은 김민경과 경모, 왕하이쥔은 배드민턴을 치기로 한다. 취미생활을 함께 하면서 두 집은 더욱 가까워진다.

어휘

运动 [yùndòng] 운동(하다)
打 [dǎ] (공을) 치다
高尔夫(球) [gāo'ěrfūqiú] 골프
羽毛球 [yǔmáoqiú] 배드민턴
乒乓球 [pīngpāngqiú] 탁구

新手 [xīnshǒu] 초보
夫妇 [fūfù] 부부

或者 [huòzhě] 또는. [평서문에 주로 쓰임]
经常 [jīngcháng] 자주. 종종
以前 [yǐqián] 이전
也 [yě] 역시. 또한
还 [hái] 아직. 여전히

喝 [hē] 마시다
玩 [wán] 놀다
聊天 [liáotiān] 이야기하다
听 [tīng] 듣다
来 [lái] 오다
去 [qù] 가다
做 [zuò] 하다

音乐 [yīnyuè] 음악
烤鸭 [kǎoyā] 카오야. 오리 구이
咖啡 [kāfēi] 커피
奶茶 [nǎichá] 밀크티

电视 [diànshì] 텔레비전
周末 [zhōumò] 주말
每周 [měizhōu] 매주
这里 [zhèli] 여기
那里 [nàli] 저기 / 거기

大部分 [dàbùfen] 대부분
不过 [búguò] 그런데
一样 [yíyàng] 같다. 동일하다

会 [huì] (배워서) 할 수 있다
更 [gèng] 더욱
次 [cì] 번. [동작의 횟수를 세는 양사]

中国人 [Zhōngguórén] 중국인
韩国 [Hánguó] 한국

문법 설명

1. 경험 동태조사 过

동작을 나타내는 동사 뒤에 붙어 '~을 한 적이 있다'는 경험을 나타낸다. 부정은 동사 앞에 부정부사 没[méi]를 써서 나타낸다.

吃过 [chīguò] 먹어본 적이 있다
没吃过 [méi chīguò] 먹어본 적이 없다

2. 一边……一边……

두 가지 이상 동작의 동시 진행을 나타내는 문형으로 '~하면서 ~하다'로 해석할 수 있다.

一边学习一边听音乐 [yìbiān xuéxí yìbiān tīng yīnyuè]
공부하면서 음악을 듣다.
一边看电视一边玩手机 [yìbiān kàn diànshì yìbiān wán shǒujī]
TV를 보면서 핸드폰을 하다.

3. 선택 접속사 或者

평서문에서 '혹은'이라는 뜻으로 쓰여 두 가지 이상 선택 사항을 나열할 때 쓴다.

每个周末我都打羽毛球或者乒乓球。
[měi ge zhōumò wǒ dōu dǎ yǔmáoqiú huòzhě pīngpāngqiú]
주말마다 나는 배드민턴이나 탁구를 친다.
我要喝咖啡或者奶茶。[wǒ yào hē kāfēi huòzhě nǎichá]
나는 커피나 밀크티를 마시겠다.

 还是는 둘 중 어느 것을 선택할지를 묻는 의문문에 쓴다.
他穿大号,还是中号？[tā chuān dàhào háishi zhōnghào]
그는 라지 사이즈를 입나요, 미디움 사이즈를 입나요?

4. 跟……一样

어떠한 것을 비교하여 '~와/과 같다'라는 뜻을 나타낸다.

我喜欢的运动跟你一样。[wǒ xǐhuan de yùndòng gēn nǐ yíyàng]
내가 좋아하는 운동은 너와 같다.
这双鞋的颜色跟他的一样。[zhè shuāng xié de yánsè gēn tā de yíyàng]
이 신발의 색은 그의 것과 같다.

주말에 김장수 부부는 왕이신 부부와 함께 북경 근교 골프장에 갔다.

金壮洙: 你经常打高尔夫球？
　　　　nǐ jīngcháng dǎ gāo'ěrfūqiú ma？

王一新: 不。以前打过一两次。我还是个新手。
　　　　bù。yǐqián dǎguò yìliǎngcì。wǒ hái shì ge xīnshǒu。

崔素廷: 我打高尔夫球打了两年了。
　　　　wǒ dǎ gāo'ěrfūqiú dǎ le liǎngnián le。

李　娜: 我喜欢高尔夫球，可以一边打球一边聊天。
　　　　wǒ xǐhuan gāo'ěrfūqiú, kěyǐ yìbiān dǎqiú yìbiān liáotiān。

김장수: 골프는 자주 치시나요?

왕이신: 아니요. 전에 한두 번 친 적이 있어요. 아직 초보입니다.

최소정: 저는 골프를 친지 2년이 되었어요.

리 나: 저는 골프를 좋아해요. 골프를 치면서 이야기를 할 수 있잖아요.

왕하이쥔과 김민경, 김경모는 배드민턴을 치러 집 근처 체육관에 갔다.

金珉京: 中国人喜欢打羽毛球吧？
　　　　Zhōngguórén xǐhuan dǎ yǔmáoqiú ba？

王海俊: 是。大部分学生都会打乒乓球或者羽毛球。
　　　　shì。dàbùfen xuésheng dōu huì dǎ pīngpāngqiú huòzhě yǔmáoqiú。

金京慕: 你也经常打羽毛球吗？
　　　　nǐ yě jīngcháng dǎ yǔmáoqiú ma？

王海俊: 是啊。我每周一和周四两天都来打。
　　　　shì a。wǒ měi zhōuyī hé zhōusì liǎngtiān dōu lái dǎ。

대화 2

김민경: 중국 사람들은 배드민턴을 치는 걸 좋아하지?

왕하이쥔: 응, 대부분의 학생들은 탁구나 배드민턴을 칠 수 있어.

김경모: 형도 배드민턴 자주 쳐요?

왕하이쥔: 그럼, 난 매주 월요일과 목요일 이틀 와서 치지.

 최소정의 오늘 일기

我们今天跟邻居夫妇打了高尔夫球，中午吃了烤鸭。
wǒmen jīntiān gēn línjū fūfù dǎ le gāo'ěrfūqiú, zhōngwǔ chī le kǎoyā。

我在韩国吃过一次烤鸭。不过跟北京的烤鸭不一样。
wǒ zài Hánguó chīguò yícì kǎoyā。búguò gēn Běijīng de kǎoyā bù yíyàng。

这里的烤鸭更好吃。
zhèli de kǎoyā gèng hǎochī。

우리는 오늘 옆집 부부와 골프를 치고, 점심에 카오야를 먹었다.

나는 한국에서 카오야를 한 번 먹어본 적이 있다. 그런데 베이징의 카오야와는 달랐다.

여기 카오야가 더 맛있다.

보충 단어

爱好 [àihào] 취미
篮球 [lánqiú] 농구
网球 [wǎngqiú] 테니스
排球 [páiqiú] 배구
足球 [zúqiú] 축구

踢 [tī] (공을) 차다
游泳 [yóuyǒng] 수영(하다)
爬山 [páshān] 등산(하다)
散步 [sànbù] 산책(하다)

游泳

爬山

打网球

打篮球

연습문제

[문법 활용] 아래의 단어를 하나씩 대체하여 문장을 완성하십시오.

1. 你（　　　）过（　　　）吗?

   > 打, 篮球
   > 踢, 足球
   > 游, 泳

2. 一边（　　　）一边（　　　）。

   > 听音乐, 学习
   > 散步, 聊天
   > 喝咖啡, 看书

3. 星期天我（　　　）或者（　　　）。

   > 打网球, 游泳
   > 踢足球, 打篮球
   > 爬山, 打高尔夫球

4. 你的（　　　）跟我的一样。

   > 鞋子
   > 手机
   > 卫衣

6과 주말에 뭐해요? 周末做什么？

연습문제

[어휘 익히기] 아래의 사진과 단어가 맞으면 O, 틀리면 X 표 하십시오.

1. 乒乓球(　　)

2. 奶茶(　　)

[대화하기] 아래 질문에 맞는 대답을 찾아 연결하십시오.

1. 你喜欢什么运动？　　　　　A. 羽毛球

2. 周末你做什么？　　　　　　B. 运动

[문장 익히기] 빈칸에 들어갈 단어를 고르십시오.

| A 爱好 | B 游泳 | C 好吃 | D 或者 | E 吃过 |

1. 你（　　　）烤鸭吗？

2. 周末我爬山（　　）打网球。

[말하기] 한국어와 일치하는 말을 찾아 말해 보십시오.

> A 你的爱好是什么？[nǐ de àihào shì shénme]
> B 你吃过麻辣烫吗？[nǐ chīguò málàtàng ma]
> C 周末你做什么？[zhōumò nǐ zuò shénme]
> D 你去过中国吗？[nǐ qùguò Zhōngguó ma]
> E 你喜欢什么运动？[nǐ xǐhuan shénme yùndòng]

1) 취미를 물을 때

   취미가 뭐예요?

   무슨 운동을 좋아해요?

2) 경험을 물을 때

   마라탕 먹어 본 적이 있나요?

   중국에 가 본 적이 있나요?

3) 평소 생활습관을 물을 때

   주말에 무엇을 하나요?

연습문제

[문장 완성하기] 다음 문장을 완성하여 읽어 보십시오.

1. 我   打过   以前   一两次

   나는 이전에 한 두 번 쳐 본 적이 있어요.

   ☞ _____ 。

2. 打   乒乓球   喜欢   或者   她   羽毛球

   그녀는 탁구나 배드민턴 치는 것을 좋아해요.

   ☞ _____ 。

3. 这   不一样   跟   北京的   烤鸭

   이것은 베이징의 카오야와 달라요.

   ☞ _____ 。

4. 更   好吃   这里的   烤鸭

   이곳의 카오야가 훨씬 맛있어요.

   ☞ _____ 。

[어휘 쓰기] 다음 단어를 따라 써 보십시오.

1. 经常

| jīng | cháng |

2. 夫妇

| fū | fù |

3. 聊天

| liáo | tiān |

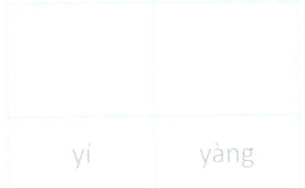

4. 一样

yí	yàng

5. 我还是个新手

wǒ	hái	shì	ge	xīn	shǒu

7과 지하철역은 어디예요?
地铁站怎么走？

> **楼盘 [lóupán] 매물 단지**
>
> 楼盘은 开发商[kāifāshāng](개발업자)가 건설하고 시장에 매물로 내놓은 商品房[shāngpǐnfáng](분양 아파트) 단지를 말하며, 짓고 있거나 매매 중인 楼房[lóufáng](아파트)이 이에 해당한다.

#7 김장수는 학교에 가려는 김민경과 왕하이쥔을 위해 지하철 역까지 자가용으로 데려다 준다. 지하철 역에 내린 김민경과 왕하이쥔은 커피를 사러 카페에 잠깐 들른다.

어휘  7-0

有 [yǒu] 있다
是 [shì] 이다
在 [zài] ~에 있다

边 [biān] 편. 쪽(=面 [miàn], 方 [fāng])
里 [lǐ] 안
外 [wài] 밖
上 [shàng] 위
下 [xià] 아래. 밑
左 [zuǒ] 왼
右 [yòu] 오른
前 [qián] 앞
后 [hòu] 뒤
旁边 [pángbiān] 옆

可以 [kěyǐ] ~해도 좋다. ~할 수 있다
等 [děng] 기다리다
导航 [dǎoháng] 네비게이션
拐 [guǎi] 턴하다. 꺾다. 방향을 바꾸다
转 [zhuǎn] 방향을 바꾸다. 돌다
停 [tíng] 멈추다
停车 [tíng chē] 주차(하다)
开车 [kāi chē] 운전하다
下车 [xià chē] 하차(하다)
到达 [dàodá] 도착하다
靠边 [kào biān] 옆쪽에 대다
找 [zhǎo] 찾다
指 [zhǐ] 가리키다
走 [zǒu] 가다

从 [cóng] ~부터
到 [dào] ~까지 / 도착하다
往 [wǎng] ~을 향해
让 [ràng] 시키다
请 [qǐng] 요청하다. 부탁하다
问 [wèn] 묻다
麻烦 [máfan] 폐를 끼치다 / 귀찮다
请问 [qǐng wèn] 말씀 좀 묻겠습니다
问路 [wèn lù] 길을 묻다

送 [sòng] 보내다
热情 [rèqíng] 열정적이다
进 [jìn] 들다. 들어가다[오다]
出 [chū] 나가다

叔叔 [shūshu] 아저씨
有人 [yǒurén] 어떤 사람
矿泉水 [kuàngquánshuǐ] 생수
目的地 [mùdìdì] 목적지
红绿灯 [hónglǜdēng] 신호등

地铁站 [dìtiězhàn] 지하철역
银行 [yínháng] 은행
咖啡厅 [kāfēitīng] 커피숍
大厦 [dàshà] 빌딩
商场 [shāngchǎng] 상점
正门 [zhèngmén] 정문

一点儿 [yìdiǎnr] 약간. 조금
一会儿 [yíhuìr] 잠시. 잠깐 동안
一下 [yíxià] 한 번. 잠시 좀
但 [dàn] 그러나
已 [yǐ] 이미. 벌써
再 [zài] 다시. 더

문법 설명

1. 사동 개사 让 / 使

'누구에게 (무엇을 하도록) 시키다'의 의미를 나타낸다.

爸爸让我去买一瓶矿泉水。[bàba ràng wǒ qù mǎi yìpíng kuàngquánshuǐ]
아빠가 나한테 생수 한 병을 사오라고 한다.

他让我在门口等一会儿。[tā ràng wǒ zài ménkǒu děng yíhuìr]
그가 나에게 입구에서 잠깐 기다리라고 한다.

2. 정반 의문문

'동사+不+동사' 또는 '형용사+不+형용사'의 형태로, 이음절 단어인 경우 'A不AB'의 형식으로 나타낸다. 단, 有의 부정은 没有이므로 정반 의문문은 有没有가 된다.

是不是？[shì bú shì] 그렇죠?
好不好？[hǎo bù hǎo] 좋은가요?
漂不漂亮？[piào bú piàoliang] 예쁜가요?

3. 기점 개사 从

'~로 부터'라는 의미로 시간이나 공간의 시작을 나타낸다. 이와 상대적으로 到는 '~까지'라는 의미로 마침 또는 도착을 나타낸다.

从这儿到那儿 [cóng zhèr dào nàr] 여기부터 저기/거기까지
从里到外 [cóng lǐ dào wài] 안에서 밖까지
从早到晚 [cóng zǎo dào wǎn] 아침부터 저녁까지
从小到大 [cóng xiǎo dào dà] 어릴 때부터 성년까지

4. 존재를 나타내는 표현

장소에 무엇이 있음을 나타낼 때 동사는 주로 有, 是, 在를 쓴다. 구체적인 '위치'는 주로 그 사물이 존재하는 장소 뒤에 左边, 右边, 里边/里面, 外边/外面, 旁边 등을 붙여 나타낸다.

장소 위치+有+명사	大厦里面有银行和咖啡厅。 [dàshà lǐmiàn yǒu yínháng hé kāfēitīng] 빌딩 안에 은행과 커피숍이 있다.
장소 위치+是+명사	银行左边是咖啡厅。 [yínháng zuǒbiān shì kāfēitīng] 은행 왼쪽은 커피숍이다.
명사+在+장소 위치	银行在咖啡厅右边。 [yínháng zài kāfēitīng yòubiān] 은행은 커피숍 오른쪽에 있다.

김장수는 김민경과 왕하이쥔을 차에 태우고 지하철 역으로 가고 있다.

金壮洙: 不认识路, 但有导航就可以开车找路。
　　　　bú rènshi lù, dàn yǒu dǎoháng jiù kěyǐ kāi chē zhǎo lù。

导　航: 前方一百米右转。
　　　　qiánfāng yìbǎi mǐ yòu zhuǎn。

金珉京: 爸爸, 右拐后让我们下车。
　　　　bàba, yòu guǎi hòu ràng wǒmen xià chē。

导　航: 已到达目的地。
　　　　yǐ dàodá mùdìdì。

王海俊: 叔叔, 这里不让停车。
　　　　shūshu, zhèli bú ràng tíngchē。

　　　　麻烦您再往前开一点儿, 到红绿灯那里靠边停一下。
　　　　máfan nín zài wǎng qián kāi yìdiǎnr, dào hónglǜdēng nàli kàobiān tíng yíxià。

김장수: 길을 몰라도 내비게이션이 있으니 운전해서 길을 찾을 수 있구나.

내비게이션: 100미터 앞에서 우회전입니다.

김민경: 아빠, 우회전하면 저희를 내려 주세요.

내비게이션: 목적지에 도착했습니다.

왕하이쥔: 여기는 정차를 못하게 해요.

　　　　아저씨, 죄송하지만 좀 더 앞으로 신호등까지 가서 근처에 세워 주세요.

김민경과 왕하이쥔이 카페에서 커피를 사서 나오는데 누군가 다가와서 길을 묻는다. 민경이는 친절하게 길을 알려준다.

行　　人: 请问, 福码大厦怎么走？
　　　　　qǐng wèn, fúmǎ dàshà zěnme zǒu？

金珉京: 大厦在凯德商场右边。
　　　　dàshà zài kǎidé shāngchǎng yòubiān。

行　　人: 大厦里面有没有银行？
　　　　　dàshà lǐmiàn yǒu méiyǒu Hányà yínháng？

金珉京: 有。从正门进去, 咖啡厅旁边是银行。
　　　　yǒu。cóng zhèngmén jìnqù, kāfēitīng pángbiān shì Hányà yínháng。

행인: 길 좀 묻겠습니다. 푸마빌딩은 어떻게 갑니까?
김민경: 빌딩은 카이더 쇼핑몰 오른편에 있습니다.
행인: 빌딩 안에 은행이 있나요?
김민경: 있어요. 정문으로 들어가면 커피숍 옆에 은행이 있습니다.

 **왕하이뛴의 오늘 일기**

珉京的爸爸很热情。
Mínjīng de bàba hěn rèqíng。

他开车送我们到地铁站。
tā kāi chē sòng wǒmen dào dìtiězhàn。

我们到学校附近，有人问路，珉京给他指了路。
wǒmen dào xuéxiào fùjìn, yǒurén wèn lù, Mínjīng gěi tā zhǐ le lù。

민경이의 아버지는 매우 친절하시다.

그는 운전해서 우리를 지하철 역까지 데려다 주셨다.

우리가 학교 근처에 도착하자 어떤 사람이 길을 물었다. 민경이가 그에게 길을 알려주었다.

보충 단어

便利店 [biànlìdiàn] 편의점
超市 [chāoshì] 슈퍼
图书馆 [túshūguǎn] 도서관
食堂 [shítáng] 식당
大楼 [dàlóu] 빌딩
健身房 [jiànshēnfáng] 헬스클럽
宿舍 [sùshè] 기숙사

图书馆

食堂

大楼

便利店

연습문제

[문법 활용] 아래의 단어를 하나씩 대체하여 문장을 완성하십시오.

1. 大楼里有没有（　　　）？

   咖啡厅
   便利店
   健身房

2. 她从（　　　）出来了。

   银行
   食堂
   图书馆

3. 姐姐让我（　　　）。

   在这里等
   去超市买可乐
   开车

4. 便利店在学校门口（　　　）。

   前边
   后边
   右边
   左边

연습문제

[어휘 익히기] 아래의 사진과 단어가 맞으면 O, 틀리면 X 표 하십시오.

1. 红绿灯 (   )

2. 咖啡厅 (   )

[대화하기] 아래 질문에 맞는 대답을 찾아 연결하십시오.

1. 图书馆后边有什么？　　　　A. 咖啡厅。

2. 附近有没有健身房？　　　　B. 没有。

[문장 익히기] 빈칸에 들어갈 단어를 고르십시오.

| A 有 | B 是 | C 在 | D 让 | E 从 |

1. 我 (　　　) 小到大没喝过咖啡。

2. 你今天晚上 (　　　) 哪儿吃饭？

[말하기] 한국어와 일치하는 말을 찾아 말해 보십시오.

> A 学校在哪儿？[xuéxiào zài nǎr]
> B 大楼里有银行吗？[dàlóuli yǒu yínháng ma]
> C 地铁站怎么走？[dìtiězhàn zěnme zǒu]

1. 위치를 물을 때

    건물 안에 은행이 있어요?

2. 방향을 물을 때

    학교는 어느 쪽에 있어요?

3. 길을 물을 때

    지하철역은 어떻게 가요?

[문장 완성하기] 다음 문장을 주어진 단어를 사용하여 완성하고, 소리내어 말해 보십시오.

1. 再   往前   开一点儿   请   您

    앞으로 조금만 더 가 주십시오.

    _____。

연습문제

2. 大厦　右边　在　凯德商场

   카이더 백화점은 빌딩 오른쪽에 있어요.

   ✎ _____ 。

3. 咖啡厅　银行　旁边　是

   은행 옆은 커피숍이에요.

   ✎ _____ 。

4. 他　送　地铁站　我们　到　开车

   그는 우리를 지하철 역까지 태워 주었어요.

   ✎ _____ 。

[어휘 쓰기] 다음 단어를 따라 써 보십시오.

1. 拐

guǎi

2. 到达

dào	dá

3. 目的地

mù	dì	dì

4. 地铁站

dì	tiě	zhàn

5. 再走一百米右转

zài	zǒu	yì	bǎi	mǐ	yòu	zhuǎn

8과 버스를 타고 출근해요.
我坐公交车上班。

氢燃料电池汽车 [qīngránliào diànchíqìchē] 수소 연료 전지 차

환경 보호와 자원 고갈을 해결하기 위해 新能源[xīnnéngyuán](대체 에너지)를 사용한 자동차가 속속 개발되고 있으며, 그중 氢能汽车[qīngnéng qìchē](수소차)나 电动汽车[diàndòng qìchē](전기차) 등이 각광을 받고 있다.

#8 김장수와 왕이신은 차량 5부제에 걸려 버스를 타려고 한다. 둘은 버스 정류장에서 만나게 된다. 함께 버스를 타고 가면서 휴가 때 어디로 여행을 갈지 이야기를 나눈다.

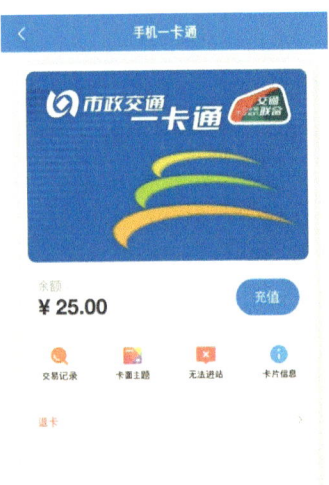

110 수다速达 초급 중국어

어휘

飞机 [fēijī] 비행기
火车 [huǒchē] 기차
高铁 / 特快(列车) / 动车
　　[gāotiě / tèkuài(lièchē) / dòngchē]
　　고속 철 / 특급 열차 / 동차(둥처)
共享 [gòngxiǎng] 공유하다
单车 [dānchē] 자전거
地铁 [dìtiě] 지하철
公交车 [gōngjiāochē] 버스
公交软件 [gōngjiāo ruǎnjiàn] 버스 앱
(应用)软件 [(yīngyòng) ruǎnjiàn] 앱
站 [zhàn] 역. 정거장
一卡通 [yìkǎtōng] 이카퉁. 통합 교통카드

想 [xiǎng] ~하고 싶다
要 [yào] ~하려고 하다
会 [huì] ~할 것이다
得 [děi] ~해야 한다
打算 [dǎsuàn] ~할 계획이다

已经 [yǐjing] 이미. 벌써
比较 [bǐjiào] 비교적
离 [lí] ~에서. ~까지
好像 [hǎoxiàng] 마치 ~와 같다
到处 [dàochù] 도처. 곳곳
听起来 [tīngqǐlái] 듣자니 ~인 것 같다
路 [lù] 버스노선을 나타내는 양사
一些 [yìxiē] 약간. 얼마간

留学 [liúxué] 유학하다
限号 [xiànhào] 5부제. 요일별 차량 운행 제한
坐 [zuò] 앉다
上班 [shàngbān] 출근하다
用 [yòng] 사용하다
显示 [xiǎnshì] 나타내 보이다
借 [jiè] 빌리다 / 빌려주다
绑定 [bǎngdìng] 연동하다
休假 [xiūjià] 휴가
旅游 [lǚyóu] 여행(하다)
计划 [jìhuà] 계획(하다)
带 [dài] 지니다. 휴대하다
遇见 [yùjiàn] 만나다. 조우하다
聊 [liáo] 이야기하다

棒 [bàng] 훌륭하다. 좋다. [주로 구어에 쓰임]
好用 [hǎoyòng] 쓰기에 편하다
舒服 [shūfu] 편안하다. 안락하다
方便 [fāngbiàn] 편리하다
快 [kuài] 빠르다
远 [yuǎn] 멀다
近 [jìn] 가깝다

云南 [Yúnnán] 윈난. 운남

문법 설명

1. 조동사 想, 要, 会, 得 [děi]

주요 술어 앞에 쓰여 '소망, 의지, 추측, 의무' 등을 나타낸다.

想 소망 我想坐火车。[wǒ xiǎng zuò huǒchē] 나는 기차를 타고 싶다.
要 의지 我要坐火车。[wǒ yào zuò huǒchē] 나는 기차를 타려고 한다.
会 추측 会更舒服一些。[huì gèng shūfu yìxiē] 더 편안할 것이다.
得 의무 得坐地铁上班。[děi zuò dìtiě shàngbān] 지하철을 타고 출근해야 한다.

2. 연동문

한 문장에 두 동작이 연속되는 구문을 말한다. 목적, 방식, 선후 관계 등을 나타낸다.

목적 去北京留学 [qù Běijīng liúxué] 베이징에 가서 유학을 하다/유학을 하러 베이징에 가다.
목적 去云南旅游 [qù Yúnnán lǚyóu] 윈난에 가서 여행을 하다/여행을 하러 윈난에 가다.
방식 坐地铁上班 [zuò dìtiě shàngbān] 지하철을 타고 출근을 하다.
선후 坐飞机去中国 [zuò fēijī qù Zhōngguó] 비행기를 타고 중국에 가다.

3. 거리 개사 离

'~에서, ~까지'라는 뜻으로 두 장소나 시간의 거리가 가까운 지, 먼 지를 나타낸다. 주로 远, 近이 술어로 쓰인다.

我家离学校很近。 [wǒ jiā lí xuéxiào hěn jìn] 우리 집은 학교에서 가깝다.
离考试没有几天。 [lí kǎoshì méiyǒu jǐtiān] 시험까지 며칠 안 남았다.

4. 동사 중첩

동작을 나타내는 동사를 중첩하여 가볍게 시도해 본다는 의미를 나타낸다. 중간에 '一'가 오기도 한다. 이음절인 경우 ABAB의 형태로 중첩된다.

看(一)看 [kàn(yi)kàn] 좀 보다   计划计划 [jìhuà jìhuà] 계획을 좀 하다

 동목 구조의 동사인 경우 AAB의 형태로 중첩한다.
散步 => 散散步 [sànsàn bù]
游泳 => 游游泳 [yóuyóu yǒng]

왕이신은 차가 차량 5부제에 걸려 지하철을 타고 가려고 한다. 지하철 역까지 버스를 타려고 정류장에 서 있는데 김장수를 만난다.

王一新: 你好。你去哪儿？
nǐ hǎo。nǐ qù nǎr？

金壮洙: 你好。我今天限号,得坐地铁上班。
nǐ hǎo。wǒ jīntiān xiànhào, děi zuò dìtiě shàngbān。

王一新: 我也是。公交软件显示公交车3分钟后到达。
wǒ yě shì。gōngjiāo ruǎnjiàn xiǎnshì gōngjiāochē sānfēnzhōng hòu dàodá。

金壮洙: 你用什么软件？
nǐ yòng shénme ruǎnjiàn？

王一新: 你看,这个比较好用。你有没有一卡通？
nǐ kàn, zhège bǐjiào hǎoyòng。nǐ yǒu méiyǒu yìkǎtōng？

金壮洙: 有。已经绑定在手机里了。
yǒu。yǐjing bǎngdìngzài shǒujīli le。

왕이신: 안녕하세요. 어디 가세요?

김장수: 안녕하세요. 오늘 차량 5부제에 걸려서 지하철 타고 출근해야 해요.

왕이신: 저도 그렇습니다. 버스 앱을 보니까 3분 후면 버스가 도착하네요.

김장수: 어떤 앱을 쓰고 계세요?

왕이신: 보세요. 이게 비교적 쓰기 편해요. 교통 카드는 있으세요?

김장수: 있어요. 이미 핸드폰에 연동해 두었습니다.

왕이신과 김장수는 버스를 타고 가면서 나란히 앉아 곧 다가올 휴가 계획을 이야기한다.

金壮洙: 你休假有什么打算？
　　　　nǐ xiūjià yǒu shénme dǎsuàn？

王一新: 我要去云南旅游。
　　　　wǒ yào qù Yúnnán lǚyóu。

金壮洙: 你要坐什么去？
　　　　nǐ yào zuò shénme qù？

王一新: 我想坐火车去。
　　　　wǒ xiǎng zuò huǒchē qù。

金壮洙: 云南离北京有点儿远吧。坐飞机会不会更舒服一点儿？
　　　　Yúnnán lí Běijīng yǒudiǎnr yuǎn ba。 zuò fēijī huì bú huì gèng shūfu yìdiǎnr？

王一新: 高铁也很快。到了云南，打算借个共享单车。
　　　　gāotiě yě hěn kuài。 dào le Yúnnán, dǎsuàn jiè ge gòngxiǎng dānchē。

金壮洙: 听起来很棒。我也想跟家人一起去那里走走。
　　　　tīngqǐlái hěn bàng。 wǒ yě xiǎng gēn jiārén yìqǐ qù nàli zǒuzou。

김장수: 휴가 때 무슨 계획이 있으세요?
왕일신: 윈난을 여행하려고 합니다.
김장수: 어떻게 가시려고요?
왕일신: 기차를 타고 가려고 해요.
김장수: 윈난은 베이징에서 좀 멀잖아요. 비행기를 타는 게 좀 더 편하지 않을까요?
왕이신: 고속철도 매우 빠릅니다. 윈난에 도착하면 공유 자전거를 빌릴까 합니다.
김장수: 매우 멋지게 들리는데요. 저도 가족들과 함께 그곳에 가보고 싶네요.

 **김장무의 오늘 일기**

早上在公交车站遇见了邻居王一新。
zǎoshang zài gōngjiāochēzhàn yùjiàn le línjū Wángyīxīn。

我们在公交车上聊了一些休假旅游的计划。
wǒmen zài gōngjiāochēshang liáo le yìxiē xiūjià lǚyóu de jìhuà。

中国到处都可以借到共享单车，很方便。
Zhōngguó dàochù dōu kěyǐ jièdào gòngxiǎng dānchē, hěn fāngbiàn。

我很想跟家人一起坐火车去旅游。
wǒ hěn xiǎng gēn jiārén yìqǐ zuò huǒchē qù lǚyóu。

아침에 버스정류장에서 옆집 왕이신 씨를 만났다.

우리는 버스에서 휴가 여행에 대한 계획을 이야기했다.

중국은 어디서나 공유 자전거를 빌릴 수 있어서 무척 편리하다.

나도 가족들과 함께 기차를 타고 여행을 꼭 가고 싶다.

보충 단어

上海 [Shànghǎi] 상하이	中国 [zhōngguó] 중국
西安 [Xī'ān] 시안	韩国 [Hánguó] 한국
香港 [Xiānggǎng] 홍콩	日本 [Rìběn] 일본
	美国 [Měiguó] 미국
天安门 [Tiān'ānmén] 톈안먼	英国 [Yīngguó] 영국
北京站 [Běijīngzhàn] 베이징역	法国 [Fǎguó] 프랑스

中国

韩国

英国

法国

연습문제

[문법 활용] 아래의 단어를 하나씩 대체하여 문장을 완성하십시오.

1. 我要去（　　　　）旅游。

   中国
   日本
   美国

2. 我想坐（　　　　）去。

   公交车
   地铁
   飞机

3. （　　　　）离（　　　　）有点儿远。

   北京, 香港
   上海, 西安
   韩国, 英国

4. 我们在这里（　　　　）吧。

   聊聊
   坐坐
   等等

[어휘 익히기] 아래의 사진과 단어가 맞으면 O, 틀리면 X 표 하십시오.

1. 飞机 (　　)　　　　　　　　2. 公交车 (　　)

[대화하기] 아래 질문에 맞는 대답을 찾아 연결하십시오.

1. 你去北京做什么？　　　　A: 坐火车去。

2. 你怎么去北京？　　　　　B: 去北京留学。

[문장 익히기] 빈칸에 들어갈 단어를 고르십시오.

| A 想 | B 离 | C 得 | D 打算 | E 比较 |

1. 坐飞机 (　　) 方便。

2. 你的家 (　　) 学校远不远？

8과 버스를 타고 출근해요. 我坐公交车上班。

연습문제

[말하기] 한국어와 일치하는 말을 찾아 말해 보십시오.

A 去天安门要坐什么？[qù Tiān'ānmén yào zuò shénme]
B 坐几点的飞机去香港？[zuò jǐdiǎn de fēijī qù Xiānggǎng]
C 这路公交车去不去北京站？[zhèlù gōngjiāochē qù bú qù Běijīngzhàn]
D 在哪儿下车？[zài nǎr xià chē]

1. 톈안먼에 가려면 무엇을 타야 해요?

2. 어디에서 내려요?

3. 이 버스는 베이징역에 가나요?

4. 몇 시 비행기로 홍콩에 가나요?

[문장 완성하기] 다음 문장을 주어진 단어를 사용하여 완성하고, 소리내어 말해 보십시오.

1. 我 上班 得[děi] 坐 地铁

   저는 지하철을 타고 출근을 해야 합니다.

   🗣_____。

2. 共享 借个 单车 打算 我

   공유 자전거를 빌릴까 해요.

   🗣_____。

3. 好用   比较   这个

   이것은 비교적 사용하기 편해요.

   ✎ _____ 。

4. 起来   有意思   听   好像   很

   듣고 보니 재미있을 거 같아요.

   ✎ _____ 。

[어휘 쓰기] 다음 단어를 따라 써 보십시오.

1. 休假 [xiūjià]

2. 旅游 [lǚyóu]

연습문제

3. 舒服 [shūfu]

4. 打算 [dǎsuàn]

5. 你要坐什么去？ [nǐ yào zuò shénme qù]

9과 '좋아요'를 눌러 주세요.
请给我点赞。

拉黑 [lāhēi] 수신차단. 수신거부

社交网络服务[shèjiāo wǎngluò fúwù](소셜 네트워크 서비스)는 불특정 다수의 사람들과도 교류할 수 있어서 垃圾信息[lājī xìnxī](스팸)도 적지 않게 받게 된다. 채팅앱에서도 원치 않는 상대가 연락을 해오면 拉黑 [lāhēi](수신차단) 할 수 있는데, 차단 당한 후 발송된 내용에는 차단되었다는 표시가 뜬다.

#9 김민경과 왕하이쥔은 sns 메신저의 여러가지 편리한 기능에 대해 이야기하고 있다. 김민경은 메신저의 다양한 기능을 배우며 재미있어 한다.

朋友圈 [péngyǒuquān] 모멘트 [위챗 SNS]
点赞 [diǎnzàn] '좋아요' 버튼을 누르다
好友 [hǎoyǒu] (sns상의) 친구
表情包 [biǎoqíngbāo] 이모티콘

流利 [liúlì] 유창하다
热 [rè] 덥다
忘 [wàng] 잊다. 까먹다
清楚 [qīngchu] 정확하다. 명확하다
全身出汗 [quán shēn chū hàn]
　온몸에 땀이 나다
应该 [yīnggāi] 마땅히 ~해야 한다
需要 [xūyào] ~할 필요가 있다

建 [jiàn] (채팅창을) 만들다
查 [chá] 검색하다
添加 [tiānjiā] 추가하다
发 [fā] (문자, 메일을) 보내다
群聊 [qúnliáo] 단체 채팅방
通讯录 [tōngxùnlù] 연락처
聊天室 [liáotiānshì] 채팅방
邀请 [yāoqǐng] 초청하다

汉语 [hànyǔ] 중국어
中文 [zhōngwén] 중문 [말과 글을 포함]
专业 [zhuānyè] 전공

现金 [xiànjīn] 현금
支付宝 [zhīfùbǎo] 알리페이
个人 [gèrén] 개인
名片 [míngpiàn] 명함
月末 [yuèmò] 월말
人民币 [rénmínbì] 인민폐

换 [huàn] 바꾸다
支付 [zhīfù] 지불하다
教 [jiāo] 가르치다
红包 [hóngbāo] 훙바오. 축하금
功能 [gōngnéng] 기능
时候 [shíhòu] (~할) 때

订 [dìng] 예매하다. 예약하다
机票 [jīpiào] 비행기표
出租车 [chūzūchē] 택시
预订 [yùdìng] 예약하다
酒店 [jiǔdiàn] 호텔

还 [hái] 게다가
错 [cuò] 틀리다
不错 [búcuò] 좋다. 괜찮다
嘛 [ma] 인정함을 나타내는 어기조사
除了……以外 [chúle ……yǐwài] ~를 제외하고
而且 [érqiě] 게다가
电费 [diànfèi] 전기 요금
水费 [shuǐfèi] 수도 요금

문법 설명

1. 결과 보어

술어 동사 뒤에 동사나 형용사를 붙여 술어 동사의 동작이 어떠한 결과를 갖게 됨을 나타낸다.

형용사 보어 建好群聊 [jiànhǎo qúnliáo] 建(만들다)+好(좋다) = 잘/다 만들었다
동사 보어 查完通讯录 [cháwán tōngxùnlù] 查(조사하다)+完(완료하다) = 다 찾아보았다

2. 처치 개사 把

'把+명사+술어+부가성분'의 어순으로 쓰여 '명사'가 술어 동작에 의해 어떠한 처치를 받음을 나타낸다. 주요 술어 뒤에는 부가성분이 반드시 따르는데 도달, 완성을 나타내는 동사 到[dào](도달하다), 成[chéng](되다), 为[wéi](되다/이다) 등의 보어가 그중 하나이다.

把我朋友秀晋添加为好友。 [bǎ wǒ péngyou Xiùjìn tiānjiāwéi hǎoyǒu]
내 친구 수진이를 친구로 추가했다.
把表情包发到聊天室里。 [bǎ biǎoqíngbāo fādào liáotiānshìli]
이모티콘을 채팅창에 보냈다.

3. 가능 보어

술어와 결과보어 혹은 방향보어★ 사이에 得[de] 또는 不를 끼워 넣어 술어 동작의 가능이나 불가능을 나타낸다.

听到 : 听得到 [tīng de dào] 들린다　　　听不到 [tīng bu dào] 안 들린다
进去 : 进得去 [jìn de qù] 들어갈 수 있다　　进不去 [jìn bu qù] 들어갈 수 없다
看清楚 : 看得清楚 [kàn de qīngchǔ] 잘 보인다　看不清楚 [kàn bu qīngchǔ] 잘 안 보인다

> ★ 방향보어에 대한 상세한 설명은 11과 참고

4. 상태/정도 보어 得[de]

'동사/형용사+得[de]+보어'의 어순으로 쓰여 동작이나 성질이 어느 정도 상태임을 나타낸다. 부정 또는 정도를 나타내는 부사는 得 뒤에서 보어를 수식한다.

她汉语说得怎么样？[tā hànyǔ shuōde zěnmeyàng] 그녀의 중국어는 어때요?
说得很流利 [shuōde hěn liúlì] 유창하게 말하다
说得不流利 [shuōde bù liúlì] 유창하지 않게 말하다

> 보어에는 형용사뿐만 아니라 동사구나 주술구도 올 수 있다.
> 　동사구 보어 : 聊得忘了吃饭 [liáode wàng le chī fàn]
> 　　　　　　　이야기를 나누느라 밥 먹는 것도 잊었다.
> 　주술구 보어 : 热得全身出汗 [rède quán shēn chū hàn] 더워서 온몸에 땀이 난다.

김민경은 한국에 있는 친구 박수진과 메신저로 채팅을 하고 있다.

金珉京: 秀珍, 你什么时候来北京旅游？
　　　　Xiùzhēn, nǐ shénme shíhòu lái Běijīng lǚyóu？

朴秀珍: 应该是这个月末吧。需不需要换人民币？
　　　　yīnggāi shì zhège yuèmò ba。xū bu xūyào huàn rénmínbì？

金珉京: 不用, 最近用不到现金。
　　　　búyòng, zuìjìn yòngbudào xiànjīn。

　　　　用微信支付或者支付宝就可以。
　　　　yòng wēixìn zhīfù huòzhě zhīfùbǎo jiù kěyǐ。

朴秀珍: 啊, 那你教我怎么支付吧。
　　　　à, nà nǐ jiāo wǒ zěnme zhīfù ba。

김민경: 수진아, 너 언제 북경에 여행하러 올 수 있어?
박수진: 이번 달 말에는 갈 수 있을 거야. 인민폐로 환전을 할 필요가 있어?
김민경: 필요없어. 요즘은 현금을 쓰지 않아. 위챗으로 결제하면 돼.
박수진: 아, 그러면 네가 어떻게 결제하는지 좀 알려줘.

9-2

왕하이쥔과 김민경은 위챗을 하고 있다.

金珉京: 海俊, 可不可以把我朋友秀珍添加为好友？
Hǎijùn, kě bù kěyǐ bǎ wǒ péngyou Xiùzhēn tiānjiāwéi hǎoyǒu？

王海俊: 行, 你把秀珍的名片发给我吧。她汉语说得怎么样？
Xíng, nǐ bǎ Xiùzhēn de míngpiàn fāgěi wǒ ba。tā hànyǔ shuōde zěnmeyàng？

金珉京: 她是中文专业的, 说得很流利。
tā shì zhōngwén zhuānyè de, shuōde hěn liúlì。

她还经常发朋友圈呢。
tā hái jīngcháng fā péngyǒuquān ne。

王海俊: 不错嘛。那一会儿我也给她点个赞。
búcuò ma。nà yíhuìr wǒ yě gěi tā diǎn ge zàn。

金珉京: 我建好群聊邀请你们吧, 还想发个红包。
wǒ jiànhǎo qúnliáo yāoqǐng nǐmen ba, hái xiǎng fā ge hóngbāo。

김민경: 하이쥔, 내 친구 수진이를 친구로 추가해 줄 수 있어?

왕하이쥔: 좋아, 수진 씨 연락처 카드 보내줘. 수진 씨 중국어는 어떠니?

김민경: 중문학 전공이라서 말을 유창하게 해. 그리고 자주 모멘트에 글도 올리고 있어.

왕하이쥔: 훌륭하네. 그럼 이따가 나도 '좋아요'를 눌러 줘야겠다.

김민경: 내가 단체 채팅방을 만들어서 너희들을 초대할게. 홍바오도 보낼게.

 **김민경의 오늘 일기**

微信功能非常多。
wēixìn gōngnéng fēicháng duō。

去旅行的时候, 可以订机票, 叫出租车, 借共享单车, 还可以预订酒店。
qù lǚxíngde shíhòu, kěyǐ dìng jīpiào, jiào chūzūchē, jiè gòngxiǎng dānchē, hái kěyǐ yùdìng jiǔdiàn。

而且除了手机费以外, 还可以付电费, 水费等。
érqiě chúle shǒujīfèi yǐwài, hái kěyǐ fù diànfèi, shuǐfèi děng。

위챗에는 여러가지 기능이 있다.
여행 갈 때 비행기표를 예약하거나 택시를 부르거나 공유 자전거를 빌릴 수 있고 호텔도 예약할 수 있다.
뿐만 아니라 핸드폰 요금 외에도 전기요금, 수도요금도 낼 수 있다.

보충 단어

电脑 [diànnǎo] 컴퓨터
私聊 [sīliáo] 개인 채팅(하다)
视频 [shìpín] 동영상
语音聊天 [yǔyīn liáotiān] 음성 채팅
文字聊天 [wénzì liáotiān] 문자 채팅

图片 [túpiàn] 그림. 이미지
菜单栏 [càidānlán] 메뉴
下载 [xiàzài] 다운로드(하다)

用户 [yònghù] 사용자
登录 [dēnglù] 로그인
注册 [zhùcè] 회원 가입
界面 [jièmiàn] 인터페이스

验证码 [yànzhèngmǎ] 인증 번호
公众号 [gōngzhònghào] 공식 계정
分组 [fēnzǔ] 그룹을 나누다
关注 [guānzhù] 팔로잉(하다)

短信 [duǎnxìn] 문자 메시지
收 [shōu] 받다
回复 [huífù] 답글. 답신을 보내다

流量 [liúliàng] 데이터 사용량
二维码 [èrwéimǎ] QR코드
扫 [sǎo] (QR 코드를) 찍다

登录

短信

下载

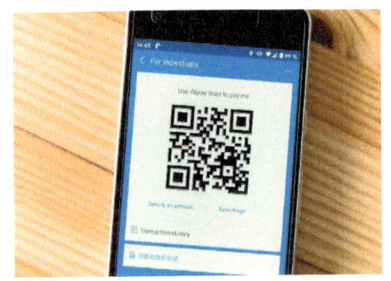
二维码

연습문제

[문법 활용] 아래의 단어를 하나씩 대체하여 문장을 완성하십시오.

1. 机票订（　　　）了。二维码扫（　　　）了。短信发（　　　）了。

   > 好
   > 完
   > 错

2. 把（　　　）（　　　）（　　　）（　　　）了。

   > 视频, 下载, 到, 电脑里
   > 白色, 换, 成, 黑色
   > 朋友圈, 分, 为, 四个组

3. 收（　　　）到好友的邀请。手机验证码发（　　　）出去。看（　　　）到注册界面。

   > 不
   > 得

4. 机票订得（　　　）晚。

   > 特别
   > 不
   > 有点儿
   > 不太

9과 '좋아요'를 눌러 주세요. 请给我点赞。

연습문제

[문장 찾기] 아래 사진과 일치하는 문장을 고르십시오.

( )

1. 手机有很多功能。
2. 把图片下载到电脑。

[대화하기] 아래 질문에 맞는 대답을 찾아 연결하십시오.

1. 要不要换人民币？　　　　　A. 不用, 最近用不到现金。

2. 她汉语说得怎么样？　　　　B. 她是中文专业的, 说得很流利。

[문장 익히기] 빈칸에 들어갈 단어를 고르십시오.

A 个人　　B 用户　　C 注册　　D 红包　　E 流量

1. 你（　　　　）好了吗?

2. 把（　　　　）发给大家。

[말하기] 한국어와 일치하는 말을 찾아 말해 보십시오.

A. 我收到了他的好友邀请。[nǐ shōudàole tā de hǎoyǒu yāoqǐng]
B. 我发不了表情包。[wǒ fābuliǎo biǎoqíngbāo]
C. 我看到你发的短信了。[wǒ kàndào nǐ fā de duǎnxìn le]
D. 你把图片发到聊天室里吧。[nǐ bǎ túpiàn fādào liáotiānshìli ba]

1. 이모티콘 보내기가 안 돼.

2. 사진을 채팅방에 올려줘.

3. 그에게 친구 추가 요청을 받았어.

4. 네가 보낸 문자를 봤어.

연습문제

[문장 완성하기] 다음 문장을 주어진 단어를 사용하여 완성하고, 소리내어 말해 보십시오.

1. 现金   用不到   最近

   요즘은 현금을 쓰지 않아요.

   _____。

2. 她   怎么样   汉语   说得

   그녀의 중국어는 어때요?

   _____ ?

3. 群聊   吧   我   建好   邀请   你们

   내가 단체 채팅방을 만들어 너희들을 초대할게.

   _____。

4. 秀珍的   发   给我吧   个人名片   你   就   把

   네가 수진 씨 연락처 카드를 나한테 보내줘.

   _____。

[어휘 쓰기] 다음 단어를 따라 써 보십시오.

1. 扫码 [sǎomǎ]

2. 点赞 [diǎnzàn]

3. 添加 [tiānjiā]

연습문제

4. 全身出汗 [quán shēn chū hàn]

5. 那你教我怎么支付。[nà nǐ jiāo wǒ zěnme zhīfù]

10과 핸드폰을 보고 있어요.
正在看着手机。

打卡圣地 [dǎkǎ shèngdì] 명소 탐방

打卡는 '출근 도장을 찍다'라는 뜻으로 버킷리스트 명소 탐방을 성지 순례에 비유한 말이다. 네티즌들은 拍照[pāizhào]打卡圣地(반드시 인증사진을 찍으러 가야 하는 장소), 十大[shídà]打卡圣地(가 볼 만한 10대 명소) 등 마치 종교에서의 순례지처럼 명단을 작성하여 공유하기도 한다.

#10 김민경은 왕하이쥔과 학교 친구 팅팅을 만나 집 근처 카페에서 브런치를 먹기로 했다.

意式咖啡			ESPRESSO
浓缩	ESPRESSO		¥10
美式	AMERICANO		L¥15
拿铁	LATTE	S¥15	L¥20
澳式白	FLAT WHITE	S¥15	L¥20
卡布奇诺	CAPPUCCINO	S¥15	L¥20
摩卡	MOCHA	S¥20	L¥25
燕麦拿铁/澳白	OAT LATTE / FLAT WHITE	S¥20	L¥25

  10-0

着 [zhe] 동사의 진행, 지속을 나타내는 동태조사
地 [de] 부사어를 만드는 구조조사
正在 [zhèngzài] 마침. 한창

开心 [kāixīn] 즐겁다
唱歌 [chànggē] 노래하다
跳舞 [tiàowǔ] 춤추다
种 [zhǒng] 종류 [물건을 세는 단위]
包 [bāo] 가방

高高兴兴 [gāo gāo xìng xìng] 즐겁다
热乎乎 [rèhūhu] 따끈하다
快捷 [kuàijié] 재빠르다. 날쌔다
省钱 [shěngqián] 돈이 절약되다
环保 [huánbǎo] 환경 보호

听说 [tīngshuō] 누가 그러는데. 듣기로는
新开 [xīnkāi] 개업하다

菜品 [càipǐn] 요리
点 [diǎn] 주문하다
点餐 [diǎncān] 음식을 주문하다
早午餐 [zǎowǔcān] 브런치
网红 [wǎnghóng] 인플루언스. 셀럽
贝果 [bèiguǒ] 베이글
接 [jiē] 마중하다
只顾 [zhǐgù] 오로지. 그저 ~에만 정신 팔리다

奶酪 [nǎilào] 치즈
燕麦 [yànmài] 오트밀
拿铁 [nátiě] 라떼
美式咖啡 [měishì kāfēi] 아메리카노
冰 [bīng] 차다. 얼음

付款 [fùkuǎn] 돈을 지불하다
说明 [shuōmíng] 설명하다
选 [xuǎn] 선택하다
约 [yuē] 약속하다

详细 [xiángxì] 상세하다
有韧性 [yǒurènxìng] 쫄깃쫄깃하다
合口味 [hékǒuwèi] 입에 맞다
飞快 [fēikuài] 재빠르다

排队 [páiduì] 줄을 서다
简直 [jiǎnzhí] 정말로
这样 [zhèyàng] 이렇게

문법 설명

1. 지속/진행의 동태조사 着[zhe]

'~하고 있다. ~하고 있는 중이다'라는 뜻으로 술어 동사 뒤에 붙어 동작의 지속이나 진행을 나타낸다. 술어 앞에 부사 正在를 쓰거나, 문장 말미에 呢를 써서 강조하기도 한다.

等着我们呢。[děngzhe wǒmen ne] 우리를 기다리고 있다.
正在看着手机。[zhèngzài kànzhe shǒujī] 핸드폰을 보고 있다.

2. 부사어 구조조사 地[de]

부사어로 쓰이는 형용사, 동사 등의 뒤에 붙어 술어를 수식하는 역할을 한다.

开心地点餐。[kāixīn de diǎncān] 즐겁게 음식을 주문하다.
高高兴兴地聊天。[gāogāoxìngxìngde liáotiān] 즐겁게 이야기를 하다.

3. 동량보어

술어 뒤에 동량사를 써서 동작의 횟수를 나타낸다.

一下 (짧은 시간) : 扫一下 [sǎo yíxià] 스캔 좀 하다
一次 (횟수) : 见一次 [jiàn yícì] 한번 만나다
一趟 (왕복) : 去一趟 [qù yítàng] 한번 다녀오다
一遍 (처음부터 끝까지) : 说一遍 [shuō yíbiàn] 한번 말하다

4. 既……又……

두 가지 동작을 동시에 하거나 두 가지 상태가 함께 있음을 나타낸다.

扫码点餐既方便又快捷。 [sǎomǎ diǎncān jì fāngbiàn yòu kuàijié]
QR코드 주문은 편리하고 신속하다.
她既会唱歌，又会跳舞。 [tā jì huì chànggē, yòu huì tiàowǔ]
그녀는 노래도 잘 하고, 춤도 잘 춘다.
这种包既省钱，又环保。 [zhèzhǒng bāo jì shěngqián, yòu huánbǎo]
이런 가방은 돈도 덜 들고, 환경 보호도 된다.

김민경과 왕하이쥔은 학교 친구를 만나러 가면서 브런치에 대해 이야기를 한다.

金珉京: 等婷婷来了，我们去哪儿吃早午餐？
　　　　děng Tíngting lái le, wǒmen qù nǎr chī zǎowǔcān？

王海俊: 听说附近新开的网红餐厅，贝果很不错。
　　　　tīngshuō fùjìn xīnkāi de wǎnghóng cāntīng, bèiguǒ hěn búcuò。

金珉京: 那我们就去那儿吧。 啊，婷婷在那边等着我们呢。
　　　　nà wǒmen jiù qù nàr ba。 a, Tíngting zài nàbiān děngzhe wǒmen ne。

王海俊: 我去接她吧。她只顾看手机，我们叫她都听不到。
　　　　wǒ qù jiē tā ba。 tā zhǐgù kàn shǒujī, wǒmen jiào tā dōu tīngbudào。

김민경: 팅팅 오면 우리 어디 가서 브런치 먹을까?

왕하이쥔: 근처에 새로 생긴 인플루언서 식당이 있다는데 베이글이 괜찮대.

김민경: 그럼 우리 거기로 가자. 아 저기 팅팅이 우리를 기다리고 있네.

왕하이쥔: 내가 가서 데려올게. 핸드폰만 보고 있어서 우리가 부르는 소리도 듣지 못하네.

김민경과 왕하이쥔, 팅팅은 함께 새로 생긴 팀스 커피숍으로 간다.

金珉京: 今天我请客, 想吃什么就点什么。
jīntiān wǒ qǐng kè, xiǎng chī shénme jiù diǎn shénme。

婷　婷: 真的？我要奶酪贝果和冰拿铁。
zhēnde？wǒ yào nǎilào bèiguǒ hé bīng nátiě。

店　员: 你们可以扫码点餐付款。
nǐmen kěyǐ sǎomǎ diǎncān fùkuǎn。

王海俊: 珉京, 扫一下这里。
Mínjīng, sǎo yíxià zhèli。

金珉京: 菜品又多, 说明也很详细。你选好了没？
càipǐn yòu duō, shuōmíng yě hěn xiángxì。nǐ xuǎnhǎo le méi？

王海俊: 我要燕麦贝果, 还要可乐。
wǒ yào yànmài bèiguǒ, hái yào kělè。

金珉京: 点好了！这样扫码点餐既方便又快捷。
diǎnhǎo le！zhèyàng sǎomǎ diǎncān jì fāngbiàn yòu kuàijié。

대화 2

김민경: 오늘 내가 한턱 쏠 테니까 먹고 싶은 대로 시켜.

팅팅: 정말? 난 치즈 베이글하고 아이스라테.

점원: QR코드로 주문과 계산을 할 수 있습니다.

왕하이쥔: 민경아, 여기 스캔해 봐.

김민경: 메뉴도 많고 설명도 자세하네. 다 골랐니?

왕하이쥔: 나는 오트밀 베이글하고 콜라로 할게.

김민경: 다 주문했어! QR코드로 주문하니까 편리하고 빠르다.

 **김민경의 오늘 일기**

今天我约海俊和婷婷吃了早午餐。
jīntiān wǒ yuē Hǎijùn hé Tíngting chī le zǎowǔcān。

热乎乎, 有韧性的奶酪贝果咸香可口。我们飞快地吃完了。
rèhūhu, yǒurènxìng de nǎilào bèiguǒ xiánxiāng kěkǒu。 wǒmen kuàide chīwán le。

扫码点餐, 不用排队, 既方便又快捷, 简直太喜欢了。
sǎomǎ diǎncān, bú yòng páiduì, jì fāngbiàn yòu kuàijié, jiǎnzhí tài xǐhuan le。

오늘 나는 하이쥔, 팅팅과 만나 브런치를 먹었다.
따끈따끈하고 쫄깃쫄깃한 치즈 베이글은 입에 딱 맞았다. 우리는 순식간에 다 먹었다.
QR코드 주문은 줄을 설 필요가 없이 간편하고 빨라서 정말 마음에 든다.

보충 단어

 10-4

美食店 [měishídiàn] 맛집
外卖 [wàimài] 배달 음식
打包 [dǎbāo] 포장하다
外卖软件 [wàimài ruǎnjiàn] 배달앱
免配送费 [miǎn pèisòngfèi] 무료 배달
送餐员 / 骑手 [sòngcānyuán / qíshǒu]
　　　　　　음식 배달원 / 라이더
取消外卖订单 [qǔxiāo wàimài dìngdān] 주문 취소
点评 [diǎnpíng] 후기. 리뷰
差评 [chàpíng] 악플
好评 [hǎopíng] 선플

付现金 [fù xiànjīn] 현금 결제
刷卡 [shuākǎ] 카드 결제(하다)
刷卡机 [shuākǎjī] 카드단말기 / POS기

聚精会神 [jù jīng huì shén] 집중하다
礼貌 [lǐmào] 예의 바르다
痛快 [tòngkuai] 통쾌하다
便宜 [piányi] 싸다

刷卡机

外卖

付现金

送餐员

연습문제

[문법 활용] 아래의 단어를 하나씩 대체하여 문장을 완성하십시오.

1. 她（　　　）着（　　　）呢。

   看, 短信
   扫, 二维码
   排, 队

2. 他（　　　）地（　　　）。

   痛快, 付现金
   开心, 刷卡
   飞快, 扫码

3. 现在可以（　　　）（　　　）。

   扫, 一下
   说明, 一遍
   约, 一次

4. （　　　）既（　　　）又（　　　）。

   送餐员, 亲切, 礼貌
   美食店的菜品, 便宜, 好吃
   外卖, 方便, 快捷

연습문제

[문장 찾기] 아래 사진과 일치하는 문장을 고르십시오.

( )

1. 她用手机发短信。

2. 她开心地吃奶酪贝果。

[대화하기] 아래 질문에 맞는 대답을 찾아 연결하십시오.

1. 婷婷做什么呢?   A. 扫码点餐既方便又快捷。

2. 你喜欢扫码点餐吗?   B. 她在那边等着我们呢。

[문장 익히기] 빈칸에 들어갈 단어를 고르십시오.

| A 燕麦 | B 热乎乎 | C 有韧性 | D 冰 | E 亲切 |

1. (　　　), (　　　) 的奶酪贝果很合口味。

2. 我要 (　　　) 贝果, 还要 (　　　) 咖啡。

[말하기] 한국어와 일치하는 말을 찾아 말해 보십시오.

> A. 等一下，我排着队呢。 [děng yíxià, wǒ zài páizhe duì ne]
> B. 我们用外卖软件点一下吧。 [zánmen yòng wàimài ruǎnjiàn diǎn yíxià ba]
> C. 请问你是付现金还是刷卡？ [qǐngwèn nǐ shì fù xiànjīn háishi shuākǎ]
> D. 这家餐厅，既好吃又便宜。 [zhè jiā cāntīng, jì hǎochī yòu piányi]

1. 우리 배달앱으로 주문하자.

2. 이 음식점은 맛도 좋고 값도 싸.

3. 잠깐만, 나 지금 줄을 서고 있어.

4. 현금으로 결제하시겠습니까, 아니면 카드로 하시겠습니까?

[문장 완성하기] 다음 문장을 주어진 단어를 사용하여 완성하고, 소리내어 말해 보십시오.

1. 在那边   婷婷   呢   等着   我们

   팅팅이 저쪽에서 우리를 기다리고 있어.

   ☞ _____。

2. 看   手机   她   聚精会神地

   그녀는 핸드폰을 집중해서 보고 있어.

   ☞ _____。

연습문제

3. 点什么　想　吃什么　就

   먹고 싶은 게 있으면 바로 주문해.

   ✍_____。

4. 又　快捷　这样扫码　点餐　既　方便

   이런 QR 코드 주문은 편리하고 빨라.

   ✍_____。

[어휘 쓰기] 다음 단어를 따라 써 보십시오.

1. 扫码 [sǎo mǎ]

2. 点餐 [diǎn cān]

3. 详细 [xiángxì]

4. 早午餐 [zǎowǔcān]

5. 我们叫她都听不到。 [wǒmen jiào tā dōu tīngbudào]

11과 아까보다 또렷해졌어요.
比刚才清晰多了。

元宇宙 [yuányǔzhòu] 메타버스(metaverse)
'가공, 추상'을 나타내는 超越[chāoyuè](메타, meta)와 '현실 세계'를 의미하는 宇宙(우주, universe)를 합성한 말이다. 현실 세계의 나를 대신하는 虚拟化身[xūnǐhuàshēn](아바타, avatar)를 통해 실제 현실과 같은 경제, 사회, 교육, 문화, 과학 기술 활동을 할 수 있는 3차원 공간 플랫폼이 우리 삶의 일부분이 되어 가고 있다.

#11 김민경은 왕하이쥔에게 온라인 수업 방법에 대해서 물어본다. 민경은 첫 온라인 수업을 한다.

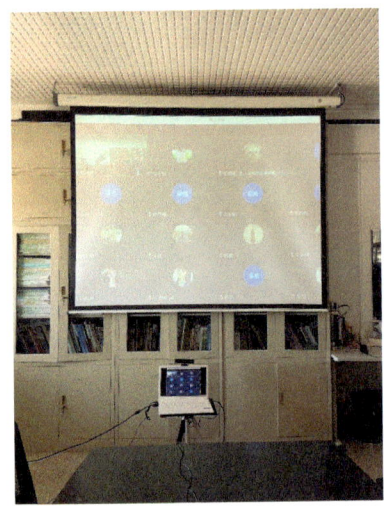

어휘

清晰 [qīngxī] 뚜렷하다. 명확하다
安静 [ānjìng] 조용하다
着急 [zháojí] 조급해하다
比 [bǐ] 비교하다 / ~보다
关 [guān] 닫다. 끄다
脱 [tuō] 벗다

要不 [yào bù] 아니면. 그렇지 않으면
试 [shì] 시도하다
刚才 [gāngcái] 방금
别 [bié] ~하지 말라
说话 [shuō huà] 말하다

上课 [shàngkè] 수업하다
在线 [zàixiàn] 온라인
担心 [dānxīn] 걱정하다
第一次 [dì yī cì] 처음. 첫 번째
教室 [jiàoshì] 교실
注意力 [zhùyìlì] 주의력
集中 [jízhōng] 집중하다
容易 [róngyì] 쉽다

平台 [píngtái] 플랫폼
复杂 [fùzá] 복잡하다
网络 [wǎngluò] 네트워크
稳定 [wěndìng] 안정적이다

软件 [ruǎnjiàn] 소프트웨어
会议 [huìyì] 회의
开 [kāi] (회의를) 열다
场 [chǎng] 회. 세트 [일이나 체육 활동을 세는 양사]

视频 [shìpín] 영상
主意 [zhǔyì] 생각. 아이디어
准备 [zhǔnbèi] 준비하다
先 [xiān] 먼저
打开 [dǎkāi] 켜다
摄像头 [shèxiàngtóu] 카메라
声音 [shēngyīn] 소리
调 [tiáo] 조절하다

可是 [kěshì] 그러나
一直 [yìzhí] 줄곧. 쭉
断断续续 [duànduànxùxù] 끊어졌다 이어졌다 하다
耐心 [nàixīn] 참을성
网速 [wǎngsù] 인터넷 속도
慢 [màn] 느리다
画面 [huàmiàn] 화면
流畅 [liúchàng] 막힘없다. 유창하다
网课 [wǎngkè] 온라인 수업
顺利 [shùnlì] 순조롭다
疼 [téng] 아프다

想 [xiǎng] 생각하다
一切 [yíqiè] 모든. 온갖
戴 [dài] 착용하다
耳机 [ěrjī] 이어폰
屏幕 [píngmù] 스크린. 모니터
眼睛 [yǎnjīng] 눈
耳朵 [ěrduo] 귀
头 [tóu] 머리

문법 설명

1. 방향보어

술어 뒤에 上, 下, 去, 来 등 동사를 써서 동작의 방향을 나타낸다.

(1) 단순 방향보어

① 上[shàng] 위로 / 下[xià] 아래로 / 进[jìn] 안으로 / 出[chū] 밖으로
　回[huí] 되돌림 / 过[guò] 통과 / 开[kāi] 분리 / 起[qǐ] 발생

② 来[lái] 오다 / 去[qù] 가다

(2) 복합 방향보어 ① + ②

	上	下	进	出	回	过	开	起
来	上来	下来	进来	出来	回来	过来	开来	起来
去	上去	下去	进去	出去	回去	过去	开去	-

走上来 [zǒu shàng lái] 걸어 올라오다

走上去 [zǒu shàng qù] 걸어 올라가다

> 방향보어의 파생 용법
> 　실제의 방향을 나타내는 것이 아니라 '시작, 목적 달성, 고정, 분리' 등의 의미를 나타낸다.
> 　　比起来 [bǐ qǐ lái] 비교하면
> 　　关上 [guān shàng] (문 등을) 닫다. (전원 등을) 끄다
> 　　说下去 [shuō xià qù] 말하기를 지속하다

2. 선택 접속사 要不

'그렇지 않으면, 아니면'이라는 뜻으로, 앞절의 상황에 대처하기 위한 제안을 하는 표현이 뒤따른다.

要不, 我们试一试, 怎么样? [yào bù, wǒmen shì yi shì, zěnmeyàng]
그렇지 않으면, 우리 한번 시도해 보는 게 어때?

今天太晚了, 要不, 你先回去吧。 [jīntiān tài wǎn le, yào bù, nǐ xiān huíqù ba]
오늘 너무 늦었어. 아니면, 너 먼저 돌아가라.

3. 비교 개사 比

'X比Y + 형용사'의 어순으로 쓰여 'X가 Y보다 어떠하다'의 뜻을 나타낸다.

现在比刚才清晰。 [xiànzài bǐ gāngcái qīngxī] 지금이 방금 전보다 또렷하다.

> 비교문에서 술어 형용사는 정도를 나타내는 부사 '很, 非常' 등의 수식을 받을 수 없다.
> 그러나 술어 뒤에 '多了, 一些' 등을 써서 정도를 나타낼 수 있다.
> 比刚才清晰多了。 [bǐ gāngcái qīngxī duō le] 방금 전보다 훨씬 또렷해졌다.
> 比那儿安静一些。 [bǐ nàr ānjìng yìxiē] 거기보다 좀 조용하다.

4. 부정 부사 别

'하지 마라'는 의미로 상대의 행동을 금지하거나 저지할 때 쓴다.

别着急。 [bié zháojí] 조급해하지 마라.

别说话。 [bié shuō huà] 말하지 마라 / 조용히 해라.

别走。 [bié zǒu] 가지 말아라.

김민경과 왕하이쥔은 온라인 수업에 대해 이야기하고 있다.

金珉京: 我第一次上在线课, 有点儿担心。
wǒ dìyīcì shàng zàixiànkè, yǒudiǎnr dānxīn。

李海俊: 我也是第一次。跟在教室上课比起来, 在线上课容易注意力不集中。
wǒ yě shì dìyīcì。 gēn zài jiàoshì shàngkè bǐqǐlái, zàixiàn shàngkè róngyì zhùyìlì bù jízhōng。

金珉京: 在线上课会不会很复杂？家里网络也不稳定。
zàixiàn shàngkè huì bú huì hěn fùzá？jiāli wǎngluò yě bù wěndìng。

李海俊: 要不, 我们下载网络会议软件, 一起开一场视频会议, 怎么样？
yàobù, wǒmen xiàzài wǎngluò huìyì ruǎnjiàn, yìqǐ kāi yìchǎng shìpín huìyì, zěnmeyàng？

金珉京: 好主意！
hǎo zhǔyì！

김민경: 나는 처음 온라인 수업을 하는 거라 조금 걱정돼.

왕하이쥔: 나도 처음이야. 강의실 수업과 비교하면 온라인 수업은 주의력이 떨어지기 쉬워.

김민경: 온라인 수업은 복잡하지 않을까? 집 인터넷도 안정적이지 않은데.

왕하이쥔: 그렇지 않으면 우리 온라인 회의앱을 다운 받아서 같이 영상 회의 한번 해보는 게 어때?

김민경: 좋은 생각이야.

   🎧 11-2

김민경은 온라인으로 〈중급 중국어 회화〉 강의를 듣고 있다.

张老师：好, 上课了。大家都准备好了吗？请打开摄像头。
　　　　hǎo, shàngkè le。dàjiā dōu zhǔnbèihǎo le ma？qǐng dǎkāi shèxiàngtóu。

金珉京：张老师, 听不清楚您的声音。
　　　　Zhāng lǎoshī, tīngbuqīngchu nín de shēngyīn。

张老师：我把声音再调大一点儿吧。现在怎么样？
　　　　wǒ bǎ shēngyīn zài tiáodà yìdiǎnr ba。xiànzài zěnmeyàng？

金珉京：好些了。比刚才清晰多了。可是您共享的视频一直断断续续的。
　　　　hǎoxiē le。bǐ gāngcái qīngxīduō le。kěshì nín gòngxiǎng de shìpín yìzhí duànduànxùxùde。

张老师：我这里网速比较慢。别着急, 耐心等一下, 画面就会流畅了。
　　　　wǒ zhèlǐ wǎngsù bǐjiào màn。bié zháojí, nàixīn děng yíxià, huàmiàn jiù huì liúchàng le。

교수님: 자, 수업하겠습니다. 모두 준비됐나요? 카메라를 켜 주세요.

김민경: 장선생님, 선생님의 목소리가 잘 들리지 않습니다.

교수님: 소리를 좀 더 크게 해 볼게요. 지금은 어떻습니까?

김민경: 나아졌어요. 조금 전보다 훨씬 또렷합니다. 그런데 선생님께서 공유해 주신 영상이 계속 끊깁니다.

교수님: 이쪽 인터넷 속도가 좀 늦습니다. 조급해하지 말고 조금만 참아 주세요. 화면이 잘 나올 거예요.

 **김민경의 오늘 일기**

今天第一次上网课。有点儿担心在线上课会很复杂。
jīntiān dìyīcì shàng wǎngkè。 yǒudiǎnr dānxīn zàixiàn shàngkè huì hěn fùzá。

没想到一切都很顺利，上课注意力也很集中。
méi xiǎngdào yíqiè dōu hěn shùnlì, shàngkè zhùyìlì yě hěn jízhōng。

可是长时间一直戴着耳机看屏幕，眼睛和耳朵比较累，头也有点儿疼。
kěshì cháng shíjiān yìzhí dàizhe ěrjī kàn píngmù, yǎnjing hé ěrduo bǐjiào lèi, tóu yě yǒudiǎnr téng。

오늘 첫 온라인 수업을 했다. 온라인 수업이 복잡할까 봐 조금 걱정이 됐다.

생각지 않게 모든 것이 순조로웠다. 강의 집중도 잘됐다.

근데 장시간 줄곧 이어폰을 끼고 화면을 보니까 눈과 귀가 좀 피로하고 머리도 조금 아팠다.

보충 단어

 11-4

直播 [zhíbō] 라이브 방송
录播 [lùbō] 녹화 방송
重播 [chóngbō] 재방송
转播 [zhuǎnbō] 중계 방송
自媒体人 [zìméitǐrén] 1인 방송인
主持人 [zhǔchírén] 사회자
配音演员 [pèiyīn yǎnyuán] 성우
离线 [líxiàn] 자리 비움
脱机 [tuōjī] 오프라인

录音室 [lùyīnshì] 녹음실
操作 [cāozuò] 조작하다

线上 [xiànshàng] 온라인(의)
无线网络 [wúxiàn wǎngluò] 무선 인터넷
麦克风 [màikèfēng] 마이크
台式电脑 [táishì diànnǎo] 데스크톱
平板电脑 [píngbǎn diànnǎo] 패드

电脑

无线网络

麦克风

直播

11과 아까보다 또렷해졌어요. 比刚才清晰多了.

연습문제

[문법 활용] 아래의 단어를 하나씩 대체하여 문장을 완성하십시오.

1. (　　　) 突然 (　　　) 起来了。

   > 她, 担心
   > 天气, 热
   > 我, 想

2. 要不, 我们看 (　　　) 吧。

   > 直播
   > 重播
   > 视频

3. (　　　) 比 (　　　)(　　　) 一些。

   > 在线上课, 在教室上课, 方便
   > 主持人, 配音演员, 辛苦
   > 电脑, 手机, 操作复杂

4. 别 (　　　)。

   > 录音
   > 说话
   > 下载

[문장 찾기] 아래 사진과 일치하는 문장을 고르십시오.

( )

1. 她在家看视频。

2. 她在教室上课。

[대화하기] 아래 질문에 맞는 대답을 찾아 연결하십시오.

1. 一起开一场视频会议，怎么样？   A. 好些了。

2. 我再把声音调大一点儿吧。现在怎么样？   B. 好主意！

연습문제

[문장 익히기] 빈칸에 들어갈 단어를 고르십시오.

| A 实惠 | B 稳定 | C 复杂 | D 疼 | E 慢 |

1. 家里网络也不（　　　）。

2. 我这里网速比较（　　　）。

3. 在线上课不（　　　）。

[말하기] 한국어와 일치하는 말을 찾아 말해 보십시오.

A. 上课时, 别关摄像头。 [shàngkè shí , bié guān shèxiàngtóu]
B. 老师说话的声音比刚才清楚多了。 [lǎoshī shuōhuà de shēngyīn bǐ gāngcái qīngchuduō le]
C. 软件操作起来不那么复杂。 [ruǎnjiàn cāozuòqǐlái bú nàme fùzá]
D. 要不, 先看一下视频吧。 [yàobù, xiān kàn yíxià shìpín ba]

* 那么 [nàme] 그렇게

1. 선생님 소리가 아까보다 잘 들려요.

2. 그렇지 않으면, 먼저 영상을 봅시다.

3. 수업 중에 카메라는 끄지 마세요.

4. 앱을 실제로 써보니 그리 복잡하지 않아요.

[문장 완성하기] 다음 문장을 주어진 단어를 사용하여 완성하고, 소리내어 말해 보십시오.

1. 在线上课   会   不集中   注意力

   온라인 수업은 주의를 집중할 수 없다.

   ☞ _____ 。

2. 要不   网络   会议软件   我们   下载

   아니면 우리 온라인 회의 앱을 다운 받자.

   ☞ _____ 。

3. 刚才   比   多了   清晰

   방금 전보다 훨씬 또렷하다.

   ☞ _____ 。

4. 耐心   着急   等   别   一下

   서두르지 마십시오. 참고 기다리세요.

   ☞ _____ 。

연습문제

[어휘 쓰기] 다음 단어를 따라 써 보십시오.

1. 清晰 [qīngxī]

2. 安静 [ānjìng]

3. 准备 [zhǔnbèi]

4. 没想到 [méi xiǎngdào]

5. 我这里网速比较慢 [wǒ zhèli wǎngsù bǐjiào màn]

12과 저는 중국 사극에 관심이 많아요.
我对中国古装剧很感兴趣。

套路[tàolù] 클리셰(cliché). 틀에 박힌 전개

동영상 공유 사이트가 성행하면서 공중파 방송국이 아닌 인터넷 상에서 방영하는 网络剧[wǎngluòjù](웹드라마)가 네티즌들의 사랑을 받고 있다. 爱情[àiqíng](로맨스), 搞笑[gǎoxiào](코믹), 悬疑[xuányí](서스펜스) 등 다양한 장르의 드라마가 있으며, 많은 드라마가 穿越[chuānyuè](타임슬립), 身世秘密[shēnshì mìmì](출생의 비밀) 등 뻔한 스토리(套路[tàolù])로 전개되기도 한다. 이런 현상에 대해 네티즌들은 급기야 狗血[gǒuxiě](막장개피)라는 말로 신랄하게 풍자하기 시작했다.

#12 김민경의 엄마 최소정과 왕하이쥔의 엄마 리나는 어젯밤에 봤던 드라마에 대해 이야기한다.

어휘

因为 [yīnwèi] 왜냐하면
所以 [suǒyǐ] 그러므로
帮 [bāng] 돕다
做作业 [zuò zuòyè] 숙제를 하다
演员 [yǎnyuán] 배우
演技 [yǎnjì] 연기
精湛 [jīngzhàn] 뛰어나다

对 [duì] ~에 대해
感兴趣 [gǎnxìngqù] 흥미를 느끼다
了解 [liǎojiě] 이해하다
关心 [guānxīn] 관심갖다
艺人 [yìrén] 연예인
私生活 [sīshēnghuó] 프라이버시

越……越…… [yuè……yuè……] 점점 더~하다
哭 [kū] 울다
伤心 [shāngxīn] 슬프다. 상심하다

如果 [rúguǒ] 만약에
明星 [míngxīng] 스타. 유명인
签名 [qiānmíng] 사인하다

终于 [zhōngyú] 마침내. 드디어
追 [zhuī] 쫓다
电视剧 [diànshìjù] 드라마
播完 [bōwán] 방영이 끝나다

医院 [yīyuàn] 병원
以……为…… [yǐ……wéi……] ~을 ~로 삼다
背景 [bèijǐng] 배경
帅哥 [shuàigē] 잘생긴 남자
般 [bān] ~같은
医生 [yīshēng] 의사
都市 [dūshì] 도시
职场剧 [zhíchǎngjù] 오피스물

原来 [yuánlái] 원래
韩剧 [hánjù] 한국 드라마
古装剧 [gǔzhuāngjù] 전통극. 사극
目不转睛 [mù bù zhuǎn jīng] 눈을 돌리지 않다
为什么 [wèishénme] 왜

女主 [nǚzhǔ] 여주인공
曾经 [céngjīng] 일찍이. 이미
粉丝 [fěnsī] 팬
后援会 [hòuyuánhuì] 팬클럽
会员 [huìyuán] 회원
积极 [jījí] 적극적이다. 열성적이다
年轻人 [niánqīngrén] 젊은이
可爱型 [kě'àixíng] 귀여운 스타일의
有气场 [yǒu qìchǎng] 카리스마가 있다

难得 [nándé] 오랜만에
故事 [gùshi] 이야기. 고사
一定 [yídìng] 반드시

문법 설명

1. 이유 접속사 因为

'왜냐하면'이라는 의미로 이유를 말할 때 쓴다. 주로 후속절에 所以(그러므로)와 호응하기도 한다.

因为演员的演技很精湛。[yīnwèi yǎnyuán de yǎnjì hěn jīngzhàn]
배우의 연기가 매우 뛰어나기 때문이다.
因为天太热了。[yīnwèi tiān tài rè le] 날이 너무 덥기 때문이다.
因为他帮我做作业，所以我请他吃饭。
[yīnwèi tā bāng wǒ zuò zuòyè, suǒyǐ wǒ qǐng tā chīfàn]
그가 나의 숙제를 도와줘서, 내가 그에게 밥을 샀다.

2. 대상 개사 对

'~에 대해'라는 의미로 '이해, 관심' 등을 갖는 어떠한 대상을 이끌어낸다.
주로 对……感兴趣, 对……了解, 对……关心 등으로 호응하여 쓰인다.

对古装剧感兴趣 [duì gǔzhuāngjù gǎn xìngqù] 사극에 흥미를 느끼다
对中国音乐很了解 [duì Zhōngguó yīnyuè hěn liǎojiě] 중국 음악에 대해 잘 알다
对艺人的私生活很关心 [duì yìrén de sīshēnghuó hěn guānxīn]
연예인의 프라이버시에 관심이 많다

3. 越……越……

'~하면 할수록 점점 더 ~하다'는 의미로 어떠한 동작을 반복하면 할수록 그 상태의 정도가 점점 더 심해짐을 나타낸다.

越说越高兴 [yuè shuō yuè gāoxìng] 말할수록 더 즐겁다
越走越快 [yuè zǒu yuè kuài] 걸을수록 점점 더 빨라지다
越哭越伤心 [yuè kū yuè shāngxīn] 울수록 더 마음이 아프다

4. 가정 접속사 如果

'만약에'라는 의미로 어떠한 일을 가정할 때 쓴다. 주로 후속절에 就(곧, 바로)와 호응하기도 한다.

如果见到明星，我就要请她签名。[rúguǒ jiàndào míngxīng, wǒ jiù yàoqǐng tā qiānmíng]
만약 스타를 만나면, 나는 사인해 달라고 할 것이다.
如果有时间，你就看这部电影吧。[rúguǒ yǒu shíjiān, nǐ jiù kàn zhèbù diànyǐng ba]
시간이 있다면, 너는 이 영화를 보아라.

최소정은 오랜만에 리나 집에 가서 커피를 마시며 드라마 이야기를 한다.

李　娜: 昨天终于播完了我追的那部电视剧。
　　　　zuótiān zhōngyú bōwán le wǒ zhuī de nà bù diànshìjù。

崔素廷: 你看的是什么电视剧？
　　　　nǐ kàn de shì shénme diànshìjù？

李　娜: 以医院为背景，是帅哥医生们的都市职场剧。
　　　　yǐ yīyuàn wéi bèijǐng, shì shuàigē yīshēngmen de dūshì zhíchǎngjù。

崔素廷: 原来你喜欢韩剧啊！我对中国古装剧很感兴趣。
　　　　yuánlái nǐ xǐhuan hánjù a！wǒ duì Zhōngguó gǔzhuāngjù hěn gǎnxìngqù。

李　娜: 哦, 为什么？
　　　　ò, wèishénme？

崔素廷: 因为古装剧演员的演技很精湛，看得我目不转睛。
　　　　yīnwèi gǔzhuāngjù yǎnyuán de yǎnjì hěn jīngzhàn, kànde wǒ mùbùzhuǎnjīng。

리나: 어제 드디어 내가 챙겨 보던 드라마가 끝이 났어요.

최소정: 무슨 드라마를 봤어요?

리나: 병원을 배경으로 꽃미남 의사들이 나오는 도시 오피스물이에요.

최소정: 원래 한국 드라마를 좋아하시나 봐요! 저는 중국 사극에 흥미가 있어요.

리나: 오, 왜요?

최소정: 사극 배우들의 연기가 워낙 훌륭해서 눈을 떼지 못해요.

리나는 텔레비전을 켜고 한국 드라마를 돌려보며 최소정과 이야기를 한다.

李　娜: 你看, 这部电视剧也很有意思。海俊喜欢那个女主。
　　　　nǐ kàn, zhèbù diànshìjù yě hěn yǒuyìsi。Hǎijùn xǐhuan nàge nǚzhǔ。

崔素廷: 珉京曾经也是粉丝后援会的会员, 不过现在好像不那么积极了。
　　　　Mínjīng céngjīng yě shì fěnsī hòuyuánhuì de huìyuán, búguò xiànzài hǎoxiàng bú nàme jījí le。

李　娜: 好像年轻人比较喜欢可爱型的演员。
　　　　hǎoxiàng niánqīngrén bǐjiào xǐhuan kě'àixíng de yǎnyuán。

崔素廷: 说的也是。可我比较喜欢有气场的演员。
　　　　shuōde yě shì。kě wǒ bǐjiào xǐhuan yǒu qìchǎng de yǎnyuán。

리나: 좀 보세요. 이 드라마도 재미있었어요. 하이쥔이 이 여주인공을 좋아해요.

최소정: 민경이도 이전에 팬클럽 회원이었는데 지금은 그렇게 적극적이지 않은 것 같아요.

리나: 젊은 애들은 비교적 귀여운 스타일의 배우를 좋아하는 것 같아요.

최소정: 그러게 말이에요. 저는 좀 카리스마 있는 배우가 좋던데요.

 **리나의 오늘 일기**

今天难得在家，和素廷一起边喝咖啡边聊天。
jīntiān nándé zài jiā, hé Sùtíng yìqǐ biān hē kāfēi biān liáotiān。

聊着电视剧的故事，越说越高兴。
liáozhe diànshìjù de gùshi, yuè shuō yuè gāoxìng。

如果能见到我喜欢的演员，一定要请他签名。
rúguǒ néng jiàndào wǒ xǐhuan de yǎnyuán, yídìng yào qǐng tā qiānmíng。

오늘 모처럼 집에서 소정 씨와 함께 커피를 마시며 이야기를 나누었다.

드라마 이야기를 했는데 하면 할수록 즐거웠다.

만약에 내가 좋아하는 배우를 만나게 된다면 반드시 그의 사인을 받을 것이다.

보충 단어

忠实粉丝 [zhōngshí fěnsī] 열성팬
追星族 [zhuīxīngzú] 극성팬
脱粉 [tuōfěn] 팬덤에서 벗어나다
黑粉 [hēifěn] 안티팬

搞笑剧 [gǎoxiàojù] 코메디
爱情剧 [àiqíngjù] 로맨스
悬疑剧 [xuányíjù] 서스펜스
恐怖剧 [kǒngbùjù] 공포물
科幻剧 [kēhuànjù] 공상과학물
穿越剧 [chuānyuèjù] 타임슬립
校园剧 [xiàoyuánjù] 학원물

制片人 [zhìpiànrén] 프로듀서
摄影导演 [shèyǐng dǎoyǎn] 카메라 감독
音响效果 [yīnxiǎng xiàoguǒ] 음향 효과
特效化妆 [tèxiào huàzhuāng] 특수분장
武打替身 [wǔdǎ tìshēn] 스턴트맨
逼真 [bīzhēn] 실제 같다. 진짜 같다
津津有味 [jīn jīn yǒu wèi] 흥미진진하다

人设 [rénshè] 인물 설정
三观 [sānguān] 세계관, 가치관, 인생관

粉丝

爱情剧

特效化妆

武打替身

연습문제

[문법 활용] 아래의 단어를 하나씩 대체하여 문장을 완성하십시오.

1. 因为那个明星（　　　　　），所以我成了他的（　　　　　）。

   演技好, 忠实粉丝
   没礼貌, 黑粉

   * 成 [chéng] 되다

2. 对（　　　）感兴趣。

   搞笑剧
   爱情剧
   悬疑剧

3. 越（　　　）越（　　　）。

   走, 快
   说, 紧张
   看, 喜欢

4. 如果我是（　　　　），就（　　　　　）。

   女主, 不会跟他说话
   你, 会看这部电影
   老师, 会教你怎么写

[문장 찾기] 아래 사진과 일치하는 문장을 고르십시오.

( )

1. 这是一部科幻恐怖剧。

2. 这是一部都市爱情剧。

[대화하기] 아래 질문에 맞는 대답을 찾아 연결하십시오.

1. 你看的是什么电视剧?   A. 因为我喜欢女主。

2. 你为什么喜欢这部电视剧?   B. 我看的是科幻剧。

연습문제

[문장 익히기] 빈칸에 들어갈 단어를 고르십시오.

A 年轻人　　B 演员　　C 会员　　D 医生　　E 明星

1. 她曾经是粉丝后援会的（　　　　）。
2. 好像（　　　　）比较喜欢可爱型的演员。

[말하기] 한국어와 일치하는 말을 찾아 말해 보십시오.

A. 那部电视剧因为特效化妆很逼真, 所以更恐怖了。
[nàbù diànshìjù yīnwèi tèxiào huàzhuāng hěn bīzhēn, suǒyǐ gèng kǒngbù le]
B. 我对音响效果感兴趣。 [wǒ duì yīnxiǎng xiàoguǒ gǎnxìngqù]
C. 这部电视剧越看越津津有味。 [zhèbù diànshìjù yuè kàn yuè jīnjīnyǒuwèi]
D. 如果女主回到过去, 会怎么样？[rúguǒ nǚzhǔ huídào guòqù, huì zěnmeyàng]

1. 그 드라마는 분장이 너무 리얼해서 더 무섭더라.
2. 만약 여주인공이 과거로 돌아간다면 어떻게 될까?
3. 이 드라마는 보면 볼수록 흥미진진하네.
4. 나는 음향효과에 관심이 있어.

[문장 완성하기] 다음 문장을 주어진 단어를 사용하여 완성하고, 소리내어 말해 보십시오.

1. 演技   很   精湛   中国   演员的   都

   중국 배우들의 연기가 모두 매우 훌륭하다.

   ☞ _____ 。

2. 中国古装剧   感兴趣   我   很   对

   나는 중국 사극에 매우 관심이 있다.

   ☞ _____ 。

3. 越说   电视剧的   故事   越高兴

   드라마 이야기는 하면 할수록 즐겁다.

   ☞ _____ 。

4. 要   请   演员   一定   签名

   배우에게 반드시 사인을 받겠다.

   ☞ _____ 。

연습문제

[어휘 쓰기] 다음 단어를 따라 써 보십시오.

1. 因为 [yīnwèi]

2. 了解 [liǎojiě]

3. 粉丝 [fěnsī]

4. 感兴趣 [gǎnxìngqù]

5. 我对中国古装剧很感兴趣 [wǒ duì Zhōngguó gǔzhuāngjù hěn gǎnxìngqù]

13과 며칠 더 쉬는 게 좋겠어요.
最好多休息几天。

轻断食[qīngduànshí] 간헐적 단식

간헐적 단식은 하루 중 일정 시간만 음식을 섭취하고 나머지 시간은 공복 상태를 유지하는 饮食模式[yǐnshí móshì](식이요법)이다. 减肥[jiǎnféi](다이어트)에도 긍정적인 효과가 있다고 알려져 있다. 하지만 개인의 건강 상태에 따라 副作用[fùzuòyòng](부작용)이 생길 수 있어 주의가 필요하다.

#13 독감에 걸린 최소정은 리나와 함께 병원에 간다.

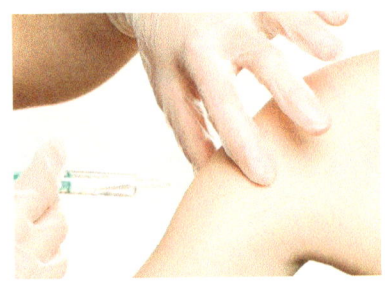

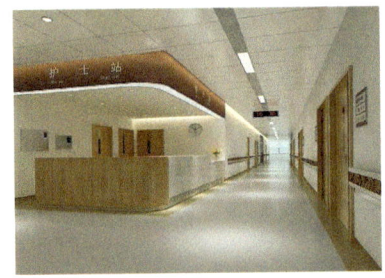

어휘

早该 [zǎogāi] 진작에 ~했어야 하다
打 [dǎ] (주사 등을) 맞다
流感 [liúgǎn] 유행성 감기
疫苗 [yìmiáo] 백신
如此 [rúcǐ] 이와 같다
取消 [qǔxiāo] 취소하다

最好 [zuìhǎo] 가장 좋기로는
点滴 [diǎndī] 수액. 링거
惹 [rě] 기분을 건드리다. 야기하다
生气 [shēngqì] 화내다. 화나다
只要 [zhǐyào] ~하기만 하면
好好儿 [hǎohāor] 잘. 충분히
休息 [xiūxi] 쉬다
好起来 [hǎoqǐlái] 나아지다. 좋아지다
愿意 [yuànyì] 희망하다. 바라다
陪 [péi] 동반하다. 수행하다. 모시다

幸亏 [xìngkuī] 다행히. 운좋게
看病 [kànbìng] 진찰하다 / 진찰받다
抢救 [qiǎngjiù]
　응급 조치하다. 긴급 구조하다
及时 [jíshí] 시기적절하게. 때마침
保住 [bǎozhù] 지켜내다. 확보하다
性命 [xìngmìng] 목숨. 생명

流行 [liúxíng] 유행하다
病毒性 [bìngdúxìng] 바이러스성
感冒 [gǎnmào] 감기
注意 [zhùyì] 주의하다
厉害 [lìhai] 심하다. 지독하다. 대단하다
一般 [yìbān] 일반적으로. 보통

浑身发冷 [húnshēn fālěng] 온몸이 떨리다
发烧 [fāshāo] 열나다
咳嗽 [késou] 기침하다
不停 [bùtíng] 멈추지 않다

嗓子 [sǎngzi] 목구멍 / 목청
痰 [tán] 가래
流 [liú] 흐르다
鼻涕 [bítì] 콧물
开药 [kāi yào] 약을 처방하다
药房 [yàofáng] 약국
取药 [qǔyào] 약을 수령하다

但是 [dànshì] 그러나. 그렇지만
私人诊所 [sīrén zhěnsuǒ] 개인 병원
三甲医院 [sānjiǎ yīyuàn] 상급 병원
少 [shǎo] 적다

문법 설명

1. 早该

'진작에 ~했어야 하다'는 의미로 뒤에 오는 동사의 동작을 했어야 옳음을 나타낸다.

早该打流感疫苗了。[zǎogāi dǎ liúgǎn yìmiáo le]
진작에 유행성 감기 백신을 맞았어야 한다.
早该如此。[zǎogāi rú cǐ] 진작에 그래야 한다.
早该取消了。[zǎogāi qǔxiāo le] 진작에 취소했어야 한다.

2. 最好

'가장 좋기로는'이라는 의미로 뒤에 오는 동사의 동작을 하는 것이 가장 좋음을 나타낸다.

最好打个点滴。[zuìhǎo dǎ ge diǎndī] 링거를 맞는 게 좋겠다.
最好别惹我生气。[zuìhǎo bié rě wǒ shēngqì] 나를 화나게 하지 않는 게 좋을 것이다.

3. 只要……, (就)

'단지 ~하기만 하면'이라는 의미로 이러한 조건만 있으면 충분함을 나타낸다.

只要休息一个星期, 就会好起来的。[zhǐyào xiūxi yíge xīngqī, jiù huì hǎoqǐlái de]
일주일 쉬기만 하면, 좋아질 것이다.
只要你愿意, 我会一直陪着你。[zhǐyào nǐ yuànyì, wǒ huì yìzhí péizhe nǐ]
네가 원하기만 하면, 내가 줄곧 네 곁에 있겠다.

4. 幸亏

'다행히'라는 의미로 어떠한 상황으로 인해 바라는 일이 성사되었거나 나쁜 일이 일어나지 않았음을 나타낸다.

幸亏邻居陪我去, 顺利看完病回来了。
[xìngkuī línjū péi wǒ qù, shùnlì kànwán bìng huílái le]
다행히 이웃이 나를 데리고 가서, 순조롭게 진찰을 받고 돌아왔다.
幸亏抢救及时, 才保住了她的性命。
[xìngkuī qiǎngjiù jíshí, cái bǎozhù le tā de xìngmìng]
다행히 응급 처치를 제때 하게 돼서 그녀의 목숨을 살렸다.

병원에서 리나가 최소정을 위해 내과 접수를 하고 둘은 대기 의자에 앉아 기다리고 있다.

崔素廷: 李娜, 谢谢你。早点儿打流感疫苗就好了。
　　　　Lǐ Nà, xièxie nǐ。zǎodiǎnr dǎ liúgǎn yìmiáo jiù hǎo le

李　娜: 你早该打疫苗了。最近流行病毒性感冒, 多注意身体。
　　　　nǐ zǎogāi dǎ yìmiáo le。zuìjìn liúxíng bìngdúxìng gǎnmào, duō zhùyì shēntǐ。

崔素廷: 这次流感真的太厉害了。
　　　　zhècì liúgǎn zhēnde tài lìhai le。

李　娜: 是啊。素廷, 你最好多休息几天。
　　　　shì a。Sùtíng, nǐ zuìhǎo duō xiūxi jǐtiān。

최소정: 리나 씨 고마워요. 일찌감치 독감 예방주사를 맞았으면 좋았을걸.

리나: 진작에 백신주사를 맞았어야 해요. 요즘 독감이 유행이라 특히 몸 조심해야 해요.

최소정: 이번 독감은 정말 독하네요.

리나: 맞아요. 소정 씨, 며칠 더 쉬는 게 좋겠어요.

 🎧 13-2

진료실에서 최소정은 의사 선생님한테 진료를 받고 있다.

医　生: 哪儿不舒服？
　　　　nǎr bù shūfu？

崔素廷: 浑身发冷, 还发烧, 咳嗽个不停。
　　　　húnshēn fālěng, hái fāshāo, késou ge bùtíng。

医　生: 嗓子里有没有痰？
　　　　sǎngzili yǒu méiyǒu tán？

崔素廷: 没有, 但是流鼻涕。
　　　　méiyǒu, dànshì liú bítì。

医　生: 我给你开点儿药, 去药房取药。
　　　　wǒ gěi nǐ kāi diǎnr yào, qù yàofáng qǔyào。

　　　　只要好好儿休息, 就会好起来的。
　　　　zhǐyào hǎohāor xiūxi, jiù huì hǎoqǐlái de。

의사: 어디가 불편하세요?

최소정: 오한이 들고 열도 나고 기침도 멈추지 않아요.

의사: 목에 가래가 있나요?

최소정: 없어요. 하지만 콧물이 나요.

의사: 약을 처방해 드릴 테니까 약국에서 약을 받아가세요. 푹 쉬면 괜찮아질 거예요.

 **최소평의 오늘 일기**

来中国后，第一次去了医院。
lái Zhōngguó hòu, dìyīcì qù le yīyuàn。

中国私人诊所比较少，所以一般都去三甲医院。
Zhōngguó sīrén zhěnsuǒ bǐjiào shǎo, suǒyǐ yìbān dōu qù sānjiǎ yīyuàn。

幸亏邻居李娜陪我去，顺利看完病回来了。
xìngkuī línjū Lǐ Nà péi wǒ qù, shùnlì kànwán bìng huílái le。

중국에 온 후 처음으로 병원에 갔다.
중국은 개인 병원이 비교적 적어서 보통 큰 병원을 가야 한다.
다행히 옆집 리나가 함께 가줘서 순조롭게 진료를 보고 돌아왔다.

보충 단어

拉肚子 [lā dùzi] 배탈이 나다. 설사하다
腿脚麻 [tuǐjiǎo má] 다리가 저리다
发抖 [fādǒu] 몸이 떨리다
眼睛充血 [yǎnjing chōngxuè] 눈이 충혈되다
胳膊酸 [gēbó suān] 팔이 쑤시다
牙龈发炎 [yáyín fāyán] 잇몸에 염증이 나다
头晕 [tóuyūn] 어지럽다. 현기증이 나다
消化不良 [xiāohuà bùliáng] 소화 불량

腰酸 [yāo suān] 허리가 쑤시다
背痛 [bèi tòng] 등이 아프다
发高烧 [fā gāoshāo] 고열이 나다

吃药 [chīyào] 약을 먹다
急诊 [jízhěn] 응급 진찰
挂号 [guàhào] 접수하다
缴费 [jiǎofèi] 수납하다
睡觉 [shuìjiào] 잠자다
严重 [yánzhòng] 심각하다

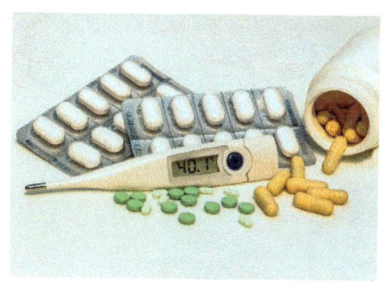
发高烧

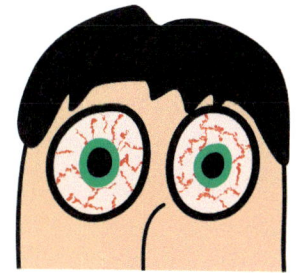
眼睛充血

腰酸

头晕

연습문제

[문법 활용] 아래의 단어를 하나씩 대체하여 문장을 완성하십시오.

1. 早该（　　　　　　）了。

   打流感疫苗
   去看病

2. 最好（　　　　　　）。

   打个点滴
   别喝咖啡

3. 只要（　　　　　　），就会好起来的。

   睡一觉
   休息一会儿

4. 幸亏及时吃药, 才没（　　　　　　）。

   发高烧
   拉肚子

[문장 찾기] 아래 사진과 일치하는 문장을 고르십시오.

( )

1. 她正在挂号。
2. 她正在看病。

[대화하기] 아래 질문에 맞는 대답을 찾아 연결하십시오.

1. 哪儿不舒服？   A. 浑身发冷, 还发烧, 咳嗽个不停。

2. 嗓子里有没有痰？   B. 没有, 但是流鼻涕。

연습문제

[문장 익히기] 빈칸에 들어갈 단어를 고르십시오.

| A 点滴 | B 注意 | C 鼻涕 | D 药房 | E 感冒 |

1. 我给你开点儿药，等打完（　　　），去药房取药。

2. 最近流行病毒性（　　　），多注意身体。

[말하기] 한국어와 일치하는 말을 찾아 말해 보십시오.

A. 感冒这么严重，早该休息了。[gǎnmào zhème yánzhòng, zǎogāi xiūxi le]
B. 只要感冒，就会流鼻涕。[zhǐyào gǎnmào, jiù huì liú bítì]
C. 幸亏不发烧。[xìngkuī bù fāshāo]
D. 拉肚子，最好不要吃麻辣烫。[lā dùzi, zuìhǎo bú yào chī málàtàng]

* 这么 [zhème] 이렇게

1. 감기에 걸리기만 하면 콧물이 납니다.

2. 설사를 할 때 마라탕은 안 먹는 것이 좋습니다.

3. 감기가 이렇게 심한데 진작에 쉬었어야 했어요.

4. 다행히 열은 안 나요.

[문장 완성하기] 다음 문장을 주어진 단어를 사용하여 완성하고, 소리내어 말해 보십시오.

1. 早   流感疫苗   该   打   了

   미리 독감 예방접종을 맞았어야 했다.

   ☞ _____ 。

2. 你   打个   点滴   也   最好

   너도 링거를 맞는 게 좋겠어.

   ☞ _____ 。

3. 好好儿   就   会   好起来的   只要   休息

   푹 쉬면 좋아질 거예요.

   ☞ _____ 。

4. 回   了   顺利   看   完   病   来

   순조롭게 진료를 보고 돌아왔다.

   ☞ _____ 。

13과 며칠 더 쉬는 게 좋겠어요. 最好多休息几天。

연습문제

[어휘 쓰기] 다음 단어를 따라 써 보십시오.

1. 流感 [liúgǎn]

2. 看病 [kànbìng]

3. 注意 [zhùyì]

4. 浑身发冷 [húnshēn fālěng]

5. 早该打流感疫苗了。[zǎogāi dǎ liúgǎn yìmiáo le]

14과 일회용품을 사용하지 말아야 해요.
不要用一次性用品。

零塑生活[língsù shēnghuó] 플라스틱 제로 라이프

진정한 환경 보호를 실현하기 위해서는 모두가 함께 이익을 나누는 사회 구조가 필요하다. 双赢[shuāngyíng](윈윈)의 정신 속에서 利人利己[lìrénlìjǐ](누이 좋고 매부 좋은) 관계를 맺고 서로 의지할 때, 장기적이고 안정적인 관계가 가능하다.

#14 아파트 앞에 쓰레기 분리수거함이 생기자 최소정은 리나에게 분리배출 방법에 대해 물어본다.

어휘   14-0

虽然 [suīrán] 비록
施行 [shīxíng] 실시하다
熟悉 [shúxī] 익숙하다
开始 [kāishǐ] 시작하다
分类 [fēnlèi] 분류하다
造成 [zàochéng] 초래하다. 야기하다
污染 [wūrǎn] 오염되다

好喝 [hǎohē] (음료 등이) 맛있다. 마시기에 좋다
伤身体 [shāng shēntǐ] 몸을 다치다. 건강에 해롭다
保护 [bǎohù] 보호하다
环境 [huánjìng] 환경
垃圾 [lājī] 쓰레기
吸引 [xīyǐn] 끌어당기다. 유인하다

观众 [guānzhòng] 관중
销售 [xiāoshòu] 팔다. 판매하다
塑料瓶 [sùliàopíng] 플라스틱병
回收 [huíshōu] 회수하다
利用 [lìyòng] 이용하다
骑 [qí] (자전거, 말 등을) 타다
自行车 [zìxíngchē] 자전거

养 [yǎng] 기르다. 가꾸다
习惯 [xíguàn] 습관
厨余垃圾 [chúyú lājī] 음식물 쓰레기
处理 [chǔlǐ] 처리하다
扔 [rēng] 버리다

哪 [nǎ] 어떤
垃圾桶 [lājītǒng] 쓰레기통
绿色 [lǜsè] 녹색
一次性 [yícìxìng] 일회용
包装袋 [bāozhuāngdài] 포장 백
以便 [yǐbiàn] ~하기 편리하도록
木筷 [mùkuài] 나무젓가락
塑料袋 [sùliàodài] 비닐 봉지
分开 [fēnkāi] 나누다

平日 [píngrì] 평소
尽量 [jìnliàng] 가능한 한. 되도록
用品 [yòngpǐn] 용품
说起来 [shuōqǐlái] 말로는. 말하기는
做起来 [zuòqǐlái] 실천은. 실천하기는
难 [nán] 어렵다
纸杯 [zhǐbēi] 종이컵

문법 설명

1. 전환 접속사 虽然

'비록'이라는 의미로 어떠한 상황을 인정할지라도 그 일의 영향을 받지 않음을 나타낸다. 후속절에 但是, 可是, 不过 등이 호응한다.

虽然施行比较晚, 但是大部分都已经很熟悉。
[suīrán shīxíng bǐjiào wǎn, dànshì dàbùfen dōu yǐjing hěn shúxī]
비록 시행은 비교적 늦었지만, 대부분 다들 이미 익숙해졌다.

虽然分类比较麻烦, 但是我们还是做好了。
[suīrán fēnlèi bǐjiào máfan, dànshì wǒmen háishì zuòhǎo le]
비록 분류하는 게 비교적 귀찮지만, 우리는 잘 해냈다.

2. X是X, 但是……

'X하기는 하지만, 그러나'라는 의미로, 是 앞뒤에 같은 성분을 써서 그 일이 사실이기는 하지만 그 일로 인해 상반되는 상황이 있음을 나타낸다.

外卖方便是方便, 但是会造成污染。
[wàimài fāngbiàn shì fāngbiàn, dànshì huì zàochéng wūrǎn]
배달은 편리하기는 하지만, 오염을 초래한다.

咖啡好喝是好喝, 但是会伤身体。
[kāfēi hǎohē shì hǎohē, dànshì huì shāng shēntǐ]
커피는 맛있기는 하지만, 몸을 상하게 할 수 있다.

3. 목적 개사 为了 [wèile]

'~를 위하여'라는 의미로, 주로 동사나 동사구와 결합한다.

为了保护环境, 我们应该做好垃圾分类。
[wèile bǎohù huánjìng, wǒmen yīnggāi zuòhǎo lājī fēnlèi]
환경 보호를 위해, 우리는 쓰레기 분리를 잘 해야 한다.
为了吸引更多的观众看电影, 电影院打折销售。
[wèile xīyǐn gèng duō de guānzhòng kàn diànyǐng, diànyǐngyuàn dǎzhé xiāoshòu]
더 많은 관중을 끌어들여 영화를 보도록 하기 위해 영화관은 할인 판매를 한다.

4. 피동 개사 被

'주어+被(+동작 주체)+동사+부가성분'의 어순으로 쓰여 '주어가 동작 주체에 의해 동사가 나타내는 동작을 당하다', '동작 주체가 가한 동작에 의해 주어가 어찌되다'라는 의미의 피동문을 이룬다. 이때 被 뒤의 동작 주체는 생략이 가능하다.

自行车被她骑走了。 [zìxíngchē bèi tā qízǒu le] 자전거는 그녀가 타고 갔다.
塑料瓶被回收利用。 [sùliàopíng bèi huíshōu lìyòng] 플라스틱병이 수거되어 이용된다.

최소정은 음식물 쓰레기 분리배출에 대해 리나와 이야기를 한다.

崔素廷: 北京也开始垃圾分类回收了吧？
Běijīng yě kāishǐ lājī fēnlèi huíshōu le ba？

李　娜: 虽然我们施行得比较晚，但是大部分人都已经养成了习惯。
suīrán wǒmen shīxíng de bǐjiào wǎn, dànshì dàbùfen rén dōu yǐjing yǎngchéng le xíguàn。

崔素廷: 厨余垃圾怎么处理？扔到哪个颜色的垃圾桶里呢？
chúyú lājī zěnme chǔlǐ？rēngdào nǎge yánsè de lājītǒngli ne？

李　娜: 你把它扔到这个绿色的垃圾桶就行了。
nǐ bǎ tā rēngdào zhège lǜsè de lājītǒng jiù xíng le。

최소정: 베이징도 쓰레기 분리수거를 시작했지요?

리나: 비교적 늦게 시행은 했지만 대부분의 사람들이 이미 습관이 되었어요.

최소정: 음식물 쓰레기는 어떻게 처리해요? 무슨 색 쓰레기통에 넣어야 하나요?

리나: 그건 이 초록색 쓰레기통에 넣으면 돼요.

리나는 배달한 음식을 먹고 나서 남은 쓰레기에 대해 왕하이쥔과 이야기한다.

李　娜: 外卖方便是方便, 但是吃完后垃圾特别多。
　　　　wàimài fāngbiàn shì fāngbiàn, dànshì chīwán hòu lājī tèbié duō。

王海俊: 可不是嘛。妈, 我也很担心一次性包装袋造成的环境污染。
　　　　kě bú shì ma。mā, wǒ yě hěn dānxīn yícìxìng bāozhuāngdài zàochéng de huánjìng wūrǎn。

李　娜: 所以, 我们要做到分类, 回收, 以便再利用。
　　　　suǒyǐ, wǒmen yào zuòdào fēnlèi, huíshōu, yǐbiàn zài lìyòng。

王海俊: 塑料瓶都会被回收利用吧？
　　　　sùliàopíng dōu huì bèi huíshōu lìyòng ba？

李　娜: 可以回收利用, 厨余垃圾要分开扔。
　　　　kěyǐ huíshōu lìyòng, chúyú lājī yào fēnkāi rēng。

리나: 배달음식은 편리하긴 하지만 먹고 난 후 쓰레기가 너무 많이 나와.

왕하이쥔: 맞아요. 엄마, 저도 일회용 포장지로 인한 환경오염이 걱정이에요.

리나: 그래서 재활용할 수 있도록 분리배출해서 수거를 잘 해야겠지.

왕하이쥔: 플라스틱 병은 재활용할 수 있지요?

리나: 재활용할 수 있지. 음식물 쓰레기는 따로 버려야 해.

为了保护环境，我们应该做好垃圾分类。
wèile bǎohù huánjìng, wǒmen yīnggāi zuòhǎo lājī fēnlèi.

平日里尽量不要用一次性用品。不过说起来容易做起来难。
píngrìli jìnliàng bú yào yòng yícìxìng yòngpǐn. búguò shuōqǐlái róngyì zuòqǐlái nán.

今天在咖啡厅里喝咖啡用的也是一次性纸杯。
jīntiān zài kāfēitīngli hē kāfēi yòng de yě shì yícìxìng zhǐbēi.

환경을 보호하기 위해 우리는 쓰레기 분리배출을 잘 해야 한다.
평소에 가능하면 일회용품을 사용하지 말아야 한다. 그러나 말이 쉽지 하려면 어렵다.
오늘 커피숍에서 커피를 마실 때 사용한 것도 일회용 종이컵이었다.

보충 단어

再生能源 [zàishēng néngyuán] 재생 에너지
雾霾 [wùmái] 스모그
细颗粒物 [xìkēlìwù] 미세먼지
全球变暖 [quánqiú biànnuǎn] 지구 온난화
极端天气 [jíduān tiānqì] 기상 이변
异常气候 [yìcháng qìhòu] 이상 기후

一段时间 [yíduàn shíjiān] 한동안
湿巾 [shījīn] 물티슈
口罩 [kǒuzhào] 마스크
公共交通 [gōnggòng jiāotōng] 대중 교통

出门 [chūmén] 외출하다
防止 [fángzhǐ] 방지하다
滥用 [lànyòng] 남용하다
乱扔 [luànrēng] 함부로 버리다
破坏 [pòhuài] 파괴하다
解决 [jiějué] 해결하다
笼罩 [lǒngzhào] 뒤덮다

雾霾

全球变暖

湿巾

口罩

연습문제

[문법 활용] 아래의 단어를 하나씩 대체하여 문장을 완성하십시오.

1. 虽然 (　　　　　), 但是 (　　　　　)。

   不喜欢戴口罩, 出门应该戴着
   天气不好, 想出去玩儿

2. (　　　) 是 (　　　), 但是不应该滥用。

   方便
   好用

3. 为了解决 (　　　), 我们要怎么做？

   雾霾
   全球变暖

4. (　　　) 被 (　　　) 了。

   湿巾, 乱扔
   环境, 破坏

[문장 찾기] 아래 사진과 일치하는 문장을 고르십시오.

( )

1. 垃圾正在破坏环境。

2. 垃圾分类很容易。

[대화하기] 아래 질문에 맞는 대답을 찾아 연결하십시오.

1. 厨余垃圾应该怎么处理？   A. 把它扔到这个绿色的垃圾桶就行了。

2. 一次性木筷应该怎么处理？   B. 把它扔进塑料袋里，厨余垃圾要分开扔。

[문장 익히기] 빈칸에 들어갈 단어를 고르십시오.

| A 污染 | B 一次性 | C 利用 | D 分类 | E 纸杯 |

1. 我也很担心一次性包装袋造成的环境（　　　　）。

2. 平日里尽量不要用（　　　　）用品。

14과 일회용품을 사용하지 말아야 해요. 不要用一次性用品。 201

연습문제

[말하기] 한국어와 일치하는 말을 찾아 말해 보십시오.

> A. 一次性纸杯方便是方便, 但是会造成污染。
> [yícìxìng zhǐbēi fāngbiàn shì fāngbiàn, dànshì huì zàochéng wūrǎn]
>
> B. 虽然垃圾分类开始实施一段时间, 但是有人还不习惯。
> [suīrán lājī fēnlèi kāishǐ shíshī yíduàn shíjiān, dànshì yǒurén hái bù xíguàn]
>
> C. 天空被雾霾笼罩了。
> [tiānkōng bèi wùmái lǒngzhào le]
>
> D. 为了防止全球变暖, 多乘坐公共交通。
> [wèile fángzhǐ quánqiú biànnuǎn, duō chéngzuò gōnggòng jiāotōng]

1. 분리 수거를 실시한지 좀 됐지만, 아직 익숙하지 않은 사람들이 있어요.

2. 지구 온난화를 막기 위해 대중교통을 많이 이용하세요.

3. 일회용 종이컵은 편리하기는 한데 오염을 초래할 수 있어요.

4. 하늘이 미세먼지로 뒤덮였어.

[문장 완성하기] 다음 문장을 주어진 단어를 사용하여 완성하고, 소리내어 말해 보십시오.

1. 已经   养成了   习惯   大部分人   都

   대부분 사람들은 이미 습관이 되었어요.

   ☞_____。

2. 外卖   多   垃圾   特别   吃完   后

   배달음식은 먹고 난 후 쓰레기가 너무 많이 나와.

   ☞_____。

3. 会   被   塑料瓶   都   回收   吧   利用

   플라스틱 병은 다 재활용하지요?

   ☞_____？

4. 应该   垃圾   我们   做   分类   好

   우리는 쓰레기 분리를 잘 해야 합니다.

   ☞_____。

연습문제

[어휘 쓰기] 다음 단어를 따라 써 보십시오.

1. 外卖 [wàimài]

2. 保护 [bǎohù]

3. 纸杯 [zhǐbēi]

4. 厨余垃圾 [chúyú lājī]

5. 为了保护环境, 做好垃圾分类。[wèile bǎohù huánjìng, zuòhǎo lājī fēnlèi]

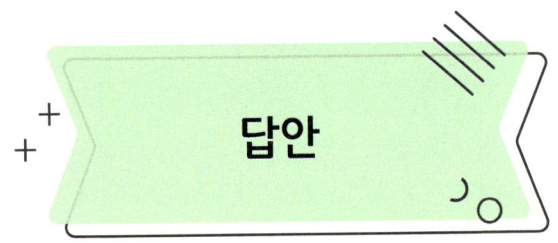

답안

1과

[어휘 익히기] 1. O 2. X

[대화하기] 1. B 2. A

[문장 익히기] 1. B 2. A

[말하기]

   1. B 晚上好！

   2. A 再见。

   3. C 谢谢！

[문장 완성하기]

   1. 您好

   2. 早上好

   3. 你姥姥身体好吗

   4. 我们都很快乐

2과

[어휘 익히기] 1. X 2. O

[대화하기] 1. A 2. B

[문장 익히기] 1. D 2. A

[말하기]

   1. A: 好久不见。 B: 好久不见。

   2. A: 最近怎么样？

   3. A: 奶奶身体好吗？

[문장 완성하기]

   1. 今天天气怎么样

   2. 心情非常好

   3. 最近学习不太好

   4. 他是老师

3과

[어휘 익히기] 1. O 2. O

[대화하기] 1. B 2. A

[문장 익히기] 1. A, B, C 2. A, B

[말하기]

   1. A: 你叫什么名字？ B: 我叫金珉京。

   2. A: 你今年多大年纪？

   3. B: 它三公斤。

[문장 완성하기]

   1. 你叫什么名字

   2. 这只狗真可爱啊

   3. 弟弟小学四年级

   4. 我今年十一岁了

4과

[어휘 익히기] 1. X 2. X

[대화하기] 1. B 2. A

[문장 익히기] 1. C 2. A

[말하기]

  1. C 你有时间吗？

  2. B 下午12点在学校门口见面吧。

  3. A 我们一起吃饭吧。

[문장 완성하기]

  1. 星期六下午有时间吗

  2. 在电影院看电影

  3. 上午十点见面

  4. 他跟朋友看了4D电影

5과

[어휘 익히기] 1. O 2. X

[대화하기] 1. B 2. A

[문장 익히기] 1. A 2. D

[말하기]

  1. A 这双鞋多少钱？

  2. C 你要什么颜色的？

  3. D 他穿大号,还是穿中号？

  4. B 这件卫衣打折吗？

[문장 완성하기]

  1. 你要怎么付

  2. 你喜欢白色的还是黑色的

  3. 一共一百八十块

  4. 他和我的购物品味很相似

6과

[어휘 익히기] 1. O 2. X

[대화하기] 1. A 2. B

[문장 익히기] 1. C 2. D

[말하기]

  1. A 你的爱好是什么？

     E 你喜欢什么运动？

  2. B 你吃过麻辣烫吗？

     D 你去过中国吗？

  3. C 周末你做什么？

[문장 완성하기]

  1. 我以前打过一两次

  2. 她喜欢打乒乓球或者羽毛球

  3. 这跟北京的烤鸭不一样

  4. 这里的烤鸭更好吃

7과

[어휘 익히기] 1. X 2. X

[대화하기] 1. A 2. B

[문장 익히기] 1. E 2. C

[말하기]

  1. B 大楼里有银行吗？

  2. A 学校在哪儿？

  3. C 地铁站怎么走？

[문장 완성하기]

  1. 请您再往前开一点儿

  2. 凯德商场在大厦右边

  3. 银行旁边是咖啡厅

  4. 他开车送我们到地铁站

8과

[어휘 익히기] 1. O 2. X

[대화하기] 1. B 2. A

[문장 익히기] 1. E 2. B

[말하기]

  1. A 去天安门要坐什么？

  2. D 在哪儿下车？

  3. C 这路公交车去不去北京站？

  4. B 坐几点的飞机去香港？

[문장 완성하기]

  1. 我得坐地铁上班

  2. 打算借个共享单车

  3. 这个比较好用

  4. 听起来好像很有意思

9과

[문장 찾기] 1. 手机有很多功能

[대화하기] 1. A 2. B

[문장 익히기] 1. C 2. D

[말하기]

  1. B 我发不了表情包。

  2. D 你把图片发到聊天室里吧。

  3. A 我收到了他的好友邀请。

  4. C 我看到你发的短信了。

[문장 완성하기]

  1. 最近用不到现金

  2. 她汉语说得怎么样

  3. 我建好群聊邀请你们吧

  4. 你就把秀珍的个人名片发给我吧

10과

[문장 찾기] 1. 她用手机发短信

[대화하기] 1. A 2. B

[문장 익히기] 1. B, C 2. A, D

[말하기]

  1. B 我们用外卖软件点一下吧。

  2. D 这家餐厅, 既好吃又便宜实惠。

  3. A 等一下, 我排着队呢。

  4. C 请问你是付现金还是刷卡？

[문장 완성하기]

  1. 婷婷在那边等着我们呢

  2. 她聚精会神地看手机

  3. 想吃什么就点什么

  4. 这样扫码点餐既方便又快捷

11과

[문장 찾기] 1. 她在家看视频

[대화하기] 1. B 2. A

[문장 익히기] 1. B 2. E 3. C

[말하기]

  1. B 老师说话的声音比刚才清楚多了。

  2. D 要不, 先看一下视频吧。

  3. A 上课时, 别关摄像头。

  4. C 软件操作起来不那么复杂。

[문장 완성하기]

  1. 在线上课注意力会不集中

  2. 要不, 我们下载网络会议软件

  3. 比刚才清晰多了

  4. 别着急, 耐心等一下

12과

[문장 찾기] 1. 这是一部科幻恐怖剧。

[대화하기] 1. B 2. A

[문장 익히기] 1. C 2. A

[말하기]
1. A. 那部电视剧因为特效化妆很逼真, 所以更恐怖了。
2. D. 如果女主回到过去, 会怎么样？
3. C. 这部电视剧越看越津津有味。
4. B. 我对音响效果感兴趣。

[문장 완성하기]
1. 中国演员的演技都很精湛
2. 我队中国古装剧很感兴趣
3. 电视剧的故事越说越高兴
4. 一定要请演员签名

13과

[문장 찾기] 1. 他们正在抢救。

[대화하기] 1. A 2. B

[문장 익히기] 1. A 2. E

[말하기]
1. B. 只要感冒, 就会流鼻涕。
2. D. 拉肚子, 最好不要吃麻辣烫。
3. A. 感冒这么严重, 早该休息了。
4. C. 幸亏还不发烧。

[문장 완성하기]
1. 早该打流感疫苗了
2. 最好你也打个点滴
3. 只要好好儿休息就会好起来的
4. 顺利看完病回来了

14과

[문장 찾기] 1. 垃圾正在破坏环境。

[대화하기] 1. A 2. B

[문장 익히기] 1. A 2. B

[말하기]
1. B. 虽然垃圾分类开始实施一段时间, 但是有人还不习惯。
2. D. 为了防止全球变暖, 多乘坐公共交通。
3. A. 一次性纸杯方便是方便, 但是会造成污染。
4. C. 天空被雾霾笼罩了。

[문장 완성하기]
1. 大部分人都已经养成了习惯
2. 外卖吃完后垃圾特别多
3. 塑料瓶都会被回收利用吧
4. 我们应该做好垃圾分类

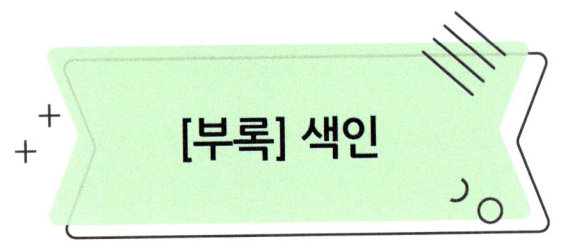

A

啊	a	감탄, 의문의 어기조사
爱好	àihào	취미
爱情剧	àiqíngjù	로맨스
安静	ānjìng	조용하다

B

吧	ba	추측, 명령의 어기조사
爸爸	bàba	아빠
白色	báisè	흰색
般	bān	~같은
帮	bāng	돕다
绑定	bǎngdìng	연동하다
棒	bàng	훌륭하다. 좋다. [주로 구어에 쓰임]
包	bāo	가방
包装袋	bāozhuāngdài	포장 백
保护	bǎohù	보호하다
保住	bǎozhù	지켜내다. 확보하다
杯	bēi	컵
贝果	bèiguǒ	베이글
北京	Běijīng	베이징. 북경
北京站	Běijīngzhàn	베이징역
背景	bèijīng	배경

背痛	bèi tòng	등이 아프다
本	běn	권
逼真	bīzhēn	실제 같다. 진짜 같다
鼻涕	bítì	콧물
比	bǐ	비교하다 / ~보다
比较	bǐjiào	비교적
边	biān	편. 쪽(=面 [miàn], 方 [fāng])
便利店	biànlìdiàn	편의점
表情包	biǎoqíngbāo	이모티콘
别	bié	~하지 말라
冰	bīng	차다 / 얼음
病毒性	bìngdúxìng	바이러스성
播完	bōwán	방영이 끝나다
不错	búcuò	좋다. 괜찮다
不过	búguò	그런데
不见不散	bújiànbúsàn	만날 때까지 기다리다
不太	bú tài	그다지 ~하지 않다
不	bù	아니다
不停	bùtíng	멈추지 않다
部	bù	(서적, 영화 등) 편. 부

C

菜单栏	càidānlán	메뉴
菜品	càipǐn	요리
餐厅	cāntīng	음식점
操作	cāozuò	조작하다
曾经	céngjīng	일찍이. 이미
查	chá	검색하다
差评	chàpíng	악플
场	chǎng	회. 세트. [일이나 체육 활동을 세는 양사]
唱歌	chànggē	노래하다

超市	chāoshì	슈퍼
橙	chéng	주황
吃	chī	먹다
吃药	chīyào	약을 먹다
重播	chóngbō	재방송
出	chū	나가다
出门	chūmén	외출하다
出租车	chūzūchē	택시
初中	chūzhōng	중학교
除了……以外	chúle……yǐwài	~를 제외하고
厨余垃圾	chúyú lājī	음식물 쓰레기
处理	chǔlǐ	처리하다
穿	chuān	입다 / 신다
穿越剧	chuānyuèjù	타임슬립
次	cì	번. [동작의 횟수를 세는 양사]
从	cóng	~부터
错	cuò	틀리다

D

打	dǎ	(공을) 치다
打	dǎ	(주사 등을) 맞다
打包	dǎbāo	포장하다
打开	dǎkāi	켜다
打算	dǎsuàn	~할 계획이다
打折	dǎzhé	할인하다
大	dà	크다
大部分	dàbùfen	대부분
大号	dàhào	라지. 큰 사이즈
大家	dàjiā	여러분
大楼	dàlóu	빌딩
大厦	dàshà	빌딩

大学	dàxué	대학교
带	dài	지니다. 휴대하다
戴	dài	착용하다
单车	dānchē	자전거
担心	dānxīn	걱정하다
但	dàn	그러나
但是	dànshì	그러나. 그렇지만
导航	dǎoháng	네비게이션
到	dào	~까지 / 도착하다
到处	dàochù	도처. 곳곳
到达	dàodá	도착하다
地	de	부사어를 만드는 구조조사
得	děi	~해야 한다
登录	dēnglù	로그인
等	děng	기다리다
地铁	dìtiě	지하철
地铁站	dìtiězhàn	지하철역
弟弟	dìdi	남동생
第一次	dìyīcì	처음. 첫 번째
点	diǎn	주문하다
点餐	diǎncān	음식을 주문하다
点滴	diǎndī	수액. 링거
点评	diǎnpíng	후기. 리뷰
点赞	diǎnzàn	'좋아요' 버튼을 누르다
电费	diànfèi	전기 요금
电脑	diànnǎo	컴퓨터
电视	diànshì	텔레비전
电视剧	diànshìjù	드라마
电影	diànyǐng	영화
电影院	diànyǐngyuàn	영화관
店	diàn	점포. 상점

订	dìng	예매하다. 예약하다
动车	dòngchē	동차[둥처]
都	dōu	모두. 다
都市	dūshì	도시
短信	duǎnxìn	문자 메시지
断断续续	duànduànxùxù	끊어졌다 이어졌다 하다
对	duì	~에 대해
多大	duōdà	(나이가) 얼마인가?
多大	duōdà	(크기, 나이가) 얼마인가?
多少	duōshao	얼마. 몇
多重	duōzhòng	(무게가) 얼마인가?

E

饿	è	배고프다
而且	érqiě	게다가
耳朵	ěrduo	귀
耳机	ěrjī	이어폰
二维码	èrwéimǎ	QR코드

F

发	fā	(문자, 메일을) 보내다
发抖	fādǒu	몸이 떨리다
发高烧	fā gāoshāo	고열이 나다
发烧	fāshāo	열나다
法国	Fǎguó	프랑스
饭	fàn	밥
方便	fāngbiàn	편리하다
防止	fángzhǐ	방지하다
飞机	fēijī	비행기
飞快	fēikuài	재빠르다
非常	fēicháng	매우

分开	fēnkāi	나누다
分类	fēnlèi	분류하다
分组	fēnzǔ	그룹을 나누다
粉丝	fěnsī	팬
付	fù	지불하다
付现金	fù xiànjīn	현금 결제
夫妇	fūfù	부부
付款	fùkuǎn	돈을 지불하다
附近	fùjìn	근처
复杂	fùzá	복잡하다

G

感冒	gǎnmào	감기
感兴趣	gǎnxìngqù	흥미를 느끼다
刚才	gāngcái	방금
刚好	gānghǎo	마침 맞게
高尔夫(球)	gāo'ěrfū(qiú)	골프
高高兴兴	gāogāoxìngxìng	즐겁다
高铁	gāotiě	고속철
搞笑剧	gǎoxiàojù	코메디
高兴	gāoxìng	기쁘다
高中	gāozhōng	고등학교
胳膊酸	gēbó suān	팔이 쑤시다
哥哥	gēge	오빠. 형
个	ge	개. [물건을 세는 양사]
个人	gèrén	개인
跟	gēn	~와. ~과
更	gèng	더욱
公共交通	gōnggòng jiāotōng	대중 교통
公交软件	gōngjiāo ruǎnjiàn	버스 앱
公交车	gōngjiāochē	버스

公众号	gōngzhònghào	공식 계정
功能	gōngnéng	기능
共享	gòngxiǎng	공유하다
购物	gòuwù	쇼핑
古装剧	gǔzhuāngjù	전통극. 사극
故事	gùshi	이야기. 고사
挂号	guàhào	접수하다
拐	guǎi	턴하다. 꺾다. 방향을 바꾸다
关	guān	닫다. 끄다
关心	guānxīn	관심갖다
关注	guānzhù	팔로잉(하다)
观众	guānzhòng	관중
逛街	guàngjiē	쇼핑하다
过去	guòqù	과거

H

还	hái	게다가 / 아직. 여전히
还是	háishi	또는. [의문문에 주로 쓰임]
孩子	háizi	아이
韩国	Hánguó	한국
韩剧	hánjù	한국 드라마
汉语	hànyǔ	중국어
好	hǎo	좋다
好久不见	hǎo jiǔ bú jiàn	오랜만이다
好吃	hǎochī	맛있다
好好儿	hǎohāor	잘. 충분히
好喝	hǎohē	(음료 등이) 맛있다. 마시기에 좋다
好看	hǎokàn	예쁘다. 보기 좋다
好评	hǎopíng	선플
好起来	hǎoqǐlái	나아지다. 좋아지다
好像	hǎoxiàng	마치 ~와 같다

好用	hǎoyòng	쓰기에 편하다
好友	hǎoyǒu	(sns상의) 친구
喝	hē	마시다
合得来	hédelái	잘 통하다. 잘 맞는다
合口味	hékǒuwèi	입에 맞다
和	hé	~와[과]
和睦	hémù	화목하다
褐色	hèsè	갈색
黑粉	hēifěn	안티팬
黑色	hēisè	검은색
很	hěn	매우
红	hóng	빨강
红包	hóngbāo	훙바오. 축하금
红绿灯	hónglǜdēng	신호등
后	hòu	뒤
后天	hòutiān	모레
后援会	hòuyuánhuì	팬클럽
画面	huàmiàn	화면
环保	huánbǎo	환경 보호
环境	huánjìng	환경
换	huàn	교환하다. 바꾸다
黄	huáng	노랑
灰	huī	회색
回复	huífù	답글. 답신을 보내다
回收	huíshōu	회수하다
会	huì	(배워서) 할 수 있다
会	huì	~할 것이다
会议	huìyì	회의
会员	huìyuán	회원
浑身发冷	húnshēn fālěng	온몸이 떨리다
火车	huǒchē	기차

| 或者 | huòzhě | 또는. [평서문에 주로 쓰임] |

J

机票	jīpiào	비행기표
积极	jījí	적극적이다. 열성적이다
及时	jíshí	시기적절하게. 때마침
极端天气	jíduān tiānqì	기상 이변
急诊	jízhěn	응급 진찰
集中	jízhōng	집중하다
几	jǐ	몇
计划	jìhuà	계획(하다)
家	jiā	집 / 상점을 세는 양사
家人	jiārén	가족
简直	jiǎnzhí	정말로
见到	jiàndào	만나다
见面	jiànmiàn	만나다
件	jiàn	벌. [옷을 세는 양사]
建	jiàn	(채팅창을) 만들다
健康	jiànkāng	건강하다
健身房	jiànshēnfáng	헬스클럽
教	jiāo	가르치다
缴费	jiǎofèi	수납하다
叫	jiào	부르다
教室	jiàoshì	교실
接	jiē	마중하다
姐姐	jiějie	언니. 누나
解决	jiějué	해결하다
界面	jièmiàn	인터페이스
借	jiè	빌리다 / 빌려주다
斤	jīn	500그램
今年	jīnnián	올해

今天	jīntiān	오늘
津津有味	jīn jīn yǒu wèi	흥미진진하다
紧张	jǐnzhāng	긴장하다
尽量	jìnliàng	가능한 한. 되도록
近	jìn	가깝다
进	jìn	들다. 들어가다[오다]
经常	jīngcháng	자주. 종종
精湛	jīngzhàn	뛰어나다
酒店	jiǔdiàn	호텔
就	jiù	곧
聚精会神	jù jīng huì shén	집중하다

K

咖啡	kāfēi	커피
咖啡色	kāfēisè	커피색
咖啡厅	kāfēitīng	커피숍
开	kāi	(회의를) 열다
开车	kāi chē	운전하다
开药	kāi yào	약을 처방하다
开始	kāishǐ	시작하다
开心	kāixīn	즐겁다
看	kàn	보다
看病	kànbìng	진찰하다 / 진찰받다
烤鸭	kǎoyā	카오야. 오리 구이
靠边	kào biān	옆쪽에 대다
科幻剧	kēhuànjù	공상과학물
可爱	kě'ài	귀엽다
可爱型	kě'àixíng	귀여운 스타일의
可乐	kělè	콜라
可是	kěshì	그러나
咳嗽	késou	기침하다

색인 **219**

可以	kěyǐ	~해도 좋다. ~할 수 있다
恐怖剧	kǒngbùjù	공포물
口罩	kǒuzhào	마스크
哭	kū	울다
快	kuài	빠르다
快捷	kuàijié	재빠르다. 날쌔다
快乐	kuàilè	즐겁다
矿泉水	kuàngquánshuǐ	생수

L

拉肚子	lā dùzǐ	배탈이 나다. 설사하다
垃圾	lājī	쓰레기
垃圾桶	lājītǒng	쓰레기통
来	lái	오다
蓝	lán	남색
篮球	lánqiú	농구
滥用	lànyòng	남용하다
姥姥	lǎolao	외할머니
老师	lǎoshī	선생님
姥爷	lǎoye	외할아버지
了	le	변화를 나타내는 어기조사
累	lèi	힘들다
离	lí	~에서. ~까지
离线	líxiàn	자리 비움
里	lǐ	안
礼貌	lǐmào	예의 바르다
厉害	lìhai	심하다. 지독하다. 대단하다
利用	lìyòng	이용하다
聊	liáo	이야기하다
聊天	liáotiān	이야기하다
聊天室	liáotiānshì	채팅방

了解	liǎojiě	이해하다
邻居	línjū	이웃
流	liú	흐르다
流畅	liúchàng	막힘없다. 유창하다
流感	liúgǎn	유행성 감기
流利	liúlì	유창하다
流量	liúliàng	데이터 사용량
流行	liúxíng	유행하다
留学	liúxué	유학하다
笼罩	lǒngzhào	뒤덮다
录播	lùbō	녹화 방송
录音室	lùyīnshì	녹음실
路	lù	버스노선을 나타내는 양사
乱扔	luànrēng	함부로 버리다
旅游	lǚyóu	여행(하다)
绿	lǜ	초록
绿色	lǜsè	녹색

M

吗	ma	의문을 나타내는 어기조사
嘛	ma	인정함을 나타내는 어기조사
妈妈	māma	엄마
麻烦	máfan	폐를 끼치다 / 귀찮다
码	mǎ	치수
麻辣烫	málàtàng	마라탕
买	mǎi	사다
麦克风	màikèfēng	마이크
慢	màn	느리다
忙	máng	바쁘다
美国	Měiguó	미국
美食店	měishídiàn	맛집

美式咖啡	měishì kāfēi	아메리카노
每周	měizhōu	매주
妹妹	mèimei	여동생
门口	ménkǒu	입구
米	mǐ	미터
免配送费	miǎn pèisòngfèi	무료 배달
名	míng	명. [사람을 세는 양사]
名片	míngpiàn	명함
名字	míngzi	이름
明年	míngnián	내년
明天	míngtiān	내일
明星	míngxīng	스타. 유명인
木筷	mùkuài	나무젓가락
目不转睛	mù bù zhuǎn jīng	눈을 돌리지 않다
目的地	mùdìdì	목적지

N

拿铁	nátiě	라테
哪	nǎ	어떤
哪儿	nǎr	어디
那	nà	저
那里	nàli	저기 / 거기
那儿	nàr	저기 / 거기
奶茶	nǎichá	밀크티
奶酪	nǎilào	치즈
奶奶	nǎinai	할머니
耐心	nàixīn	참을성
难	nán	어렵다
难得	nándé	오랜만에
你	nǐ	너
你们	nǐmen	너희들

年级	niánjí	학년
年轻人	niánqīngrén	젊은이
您	nín	당신
女主	nǚzhǔ	여주인공

P

爬山	páshān	등산(하다)
排队	páiduì	줄을 서다
排球	páiqiú	배구
旁边	pángbiān	옆
陪	péi	동반하다. 수행하다. 모시다
配音演员	pèiyīn yǎnyuán	성우
朋友	péngyou	친구
朋友圈	péngyǒuquān	모멘트. [위챗 SNS]
便宜	piányi	싸다
漂亮	piàoliang	예쁘다
乒乓球	pīngpāngqiú	탁구
平板电脑	píngbǎn diànnǎo	패드
平日	píngrì	평소
平台	píngtái	플랫폼
屏幕	píngmù	스크린. 모니터
瓶	píng	병
品味	pǐnwèi	취향
破坏	pòhuài	파괴하다

Q

骑	qí	(자전거, 말 등을) 타다
签名	qiānmíng	사인하다
前	qián	앞
前边	qiánbiān	앞
前天	qiántiān	그저께

钱	qián	돈
抢救	qiǎngjiù	응급 조치하다. 긴급 구조하다
巧	qiǎo	공교롭다
亲切	qīnqiè	친절하다
青	qīng	파랑
清楚	qīngchu	정확하다. 명확하다
清晰	qīngxī	뚜렷하다. 명확하다
晴朗	qínglǎng	청명하다
请	qǐng	요청하다. 부탁하다
请问	qǐng wèn	말씀 좀 묻겠습니다
请客	qǐngkè	한턱내다
取消	qǔxiāo	취소하다
取消外卖订单	qǔxiāo wàimài dìngdān	주문 취소
取药	qǔyào	약을 수령하다
去	qù	가다
去年	qùnián	작년
全球变暖	quánqiú biànnuǎn	지구 온난화
全身出汗	quán shēn chū hàn	온몸에 땀이 나다
群聊	qúnliáo	단체 채팅방

R

让	ràng	시키다
惹	rě	기분을 건드리다. 야기하다
热	rè	덥다
热乎乎	rèhūhu	따끈하다
热情	rèqíng	열정적이다
人	rén	사람
人民币	rénmínbì	인민폐
人设	rénshè	인물 설정
认识	rènshi	알다
扔	rēng	버리다

日本	Rìběn	일본
容易	róngyì	쉽다
软件	ruǎnjiàn	소프트웨어
如此	rúcǐ	이와 같다
如果	rúguǒ	만약에

S

散步	sànbù	산책(하다)
三观	sānguān	세계관, 가치관, 인생관
三甲医院	sānjiǎ yīyuàn	상급 병원
嗓子	sǎngzi	목구멍 / 목청
扫	sǎo	(QR 코드를) 찍다
扫码	sǎomǎ	QR 또는 바코드를 찍다
伤身体	shāng shēntǐ	몸을 다치다. 건강에 해롭다.
伤心	shāngxīn	슬프다. 상심하다
商场	shāngchǎng	상점
商品	shāngpǐn	상품
上	shàng	위
上班	shàngbān	출근하다
上个星期	shàng ge xīngqī	지난주
上个月	shàng ge yuè	지난달
上海	Shànghǎi	상하이
上课	shàngkè	수업하다
少	shǎo	적다
摄像头	shèxiàngtóu	카메라
摄影导演	shèyǐng dǎoyǎn	카메라 감독
谁	shéi	누구
身体	shēntǐ	몸. 신체
什么	shénme	무엇
生气	shēngqì	화내다. 화나다
声音	shēngyīn	소리

省钱	shěngqián	돈이 절약되다
施行	shīxíng	실시하다
湿巾	shījīn	물티슈
时候	shíhòu	(~할) 때
时间	shíjiān	시간
食堂	shítáng	식당
是	shì	이다
试	shì	시도하다
视频	shìpín	동영상. 영상
收	shōu	받다
手机	shǒujī	핸드폰
售票机	shòupiàojī	매표기
书	shū	책
舒服	shūfu	편안하다. 안락하다
叔叔	shūshu	아저씨
熟悉	shúxī	익숙하다
帅哥	shuàigē	잘생긴 남자
刷卡	shuākǎ	카드 결제(하다)
刷卡机	shuākǎjī	카드단말기 / POS기
双	shuāng	쌍. 켤레
水费	shuǐfèi	수도 요금
睡觉	shuìjiào	잠자다
顺利	shùnlì	순조롭다
说话	shuō huà	말하다
说明	shuōmíng	설명하다
说起来	shuōqǐlái	말로는. 말하기는
私聊	sīliáo	개인 채팅(하다)
私人诊所	sīrén zhěnsuǒ	개인 병원
私生活	sīshēnghuó	프라이버시
送	sòng	보내다
送餐员 / 骑手	sòngcānyuán / qíshǒu	음식 배달원 / 라이더

宿舍	sùshè	기숙사
塑料袋	sùliàodài	비닐 봉지
塑料瓶	sùliàopíng	플라스틱병
虽然	suīrán	비록
随和	suíhé	원만하다. 상냥하다
岁	suì	세. 살. [나이를 세는 양사]
所以	suǒyǐ	그러므로

T

它	tā	그것
他	tā	그
他们	tāmen	그들
她	tā	그녀
台式电脑	táishì diànnǎo	데스크톱
太……了	tài …… le	너무
痰	tán	가래
特别	tèbié	특히
特快(列车)	tèkuài(lièchē)	특급 열차
特效化妆	tèxiào huàzhuāng	특수분장
疼	téng	아프다
踢	tī	(공을) 차다
天安门	Tiān'ānmén	톈안먼
天空	tiānkōng	하늘
天气	tiānqì	날씨
添加	tiānjiā	추가하다
调	tiáo	조절하다
跳舞	tiàowǔ	춤추다
听	tīng	듣다
听起来	tīngqǐlái	듣자니 ~인 것 같다
听说	tīngshuō	누가 그러는데. 듣기로는
停	tíng	멈추다

停车	tíng chē	주차(하다)
通讯录	tōngxùnlù	연락처
痛快	tòngkuai	통쾌하다
头	tóu	머리
头晕	tóuyūn	어지럽다. 현기증이 나다
图片	túpiàn	그림. 이미지
图书馆	túshūguǎn	도서관
腿脚麻	tuǐjiǎo má	다리가 저리다
退	tuì	환불하다
脱	tuō	벗다
脱粉	tuōfěn	팬덤에서 벗어나다
脱机	tuōjī	오프라인

W

外	wài	밖
外卖	wàimài	배달 음식
外卖软件	wàimài ruǎnjiàn	배달앱
玩	wán	놀다
晚上	wǎnshang	저녁
网红	wǎnghóng	인플루언스. 셀럽
网课	wǎngkè	온라인 수업
网络	wǎngluò	네트워크
网球	wǎngqiú	테니스
网速	wǎngsù	인터넷 속도
往	wǎng	~을 향해
忘	wàng	잊다. 까먹다
微信	wēixìn	위챗. [중국 메신저 서비스]
微信支付	wēixìn zhīfù	위챗페이
卫衣	wèiyī	후드티
为什么	wèishénme	왜
未来	wèilái	미래

文字聊天	wénzì liáotiān	문자 채팅
稳定	wěndìng	안정적이다
问	wèn	묻다
问路	wèn lù	길을 묻다
我	wǒ	나
我们	wǒmen	우리
污染	wūrǎn	오염되다
无线网络	wúxiàn wǎngluò	무선 인터넷
武打替身	wǔdǎ tìshēn	스턴트맨
雾霾	wùmái	스모그

X

西安	Xī'ān	시안
吸引	xīyǐn	끌어당기다. 유인하다
下	xià	아래. 밑
下车	xià chē	하차(하다)
下个星期	xià ge xīngqī	다음주
下个月	xià ge yuè	다음달
先	xiān	먼저
显示	xiǎnshì	나타내 보이다
限号	xiànhào	5부제. 요일별 차량운행 제한
现金	xiànjīn	현금
现在	xiànzài	현재 / 지금
线上	xiànshàng	온라인(의)
香港	Xiānggǎng	홍콩
相似	xiāngsì	비슷하다
详细	xiángxì	상세하다
想	xiǎng	~하고 싶다 / 생각하다
消化不良	xiāohuà bùliáng	소화 불량
销售	xiāoshòu	팔다. 판매하다
小	xiǎo	작다

小狗	xiǎogǒu	강아지
小学	xiǎoxué	초등학교
习惯	xíguàn	습관
喜欢	xǐhuan	좋아하다
细颗粒物	xìkēlìwù	미세먼지
校园剧	xiàoyuánjù	학원물
下载	xiàzài	다운로드(하다)
鞋	xié	신발
谢谢	xièxie	감사합니다
心情	xīnqíng	마음. 기분
新开	xīnkāi	개업하다
新手	xīnshǒu	초보
行	xíng	좋다. 괜찮다
幸亏	xìngkuī	다행히. 운좋게
性命	xìngmìng	목숨. 생명
休假	xiūjià	휴가
休息	xiūxi	쉬다
需要	xūyào	~할 필요가 있다
悬疑剧	xuányíjù	서스펜스
选	xuǎn	선택하다
学生	xuésheng	학생
学习	xuéxí	공부하다
学校	xuéxiào	학교

Y

牙龈发炎	yáyín fāyán	잇몸에 염증이 나다
严重	yánzhòng	심각하다
颜色	yánsè	색깔
演技	yǎnjì	연기
演员	yǎnyuán	배우
眼睛	yǎnjīng	눈

眼睛充血	yǎnjing chōngxuè	눈이 충혈되다
燕麦	yànmài	오트밀
验证码	yànzhèngmǎ	인증 번호
养	yǎng	기르다. 가꾸다
腰酸	yāo suān	허리가 쑤시다
邀请	yāoqǐng	초청하다
要	yào	~하려고 하다 / 원하다
要不	yào bù	아니면. 그렇지 않으면
药房	yàofáng	약국
也	yě	역시. 또한
爷爷	yéye	할아버지
衣服	yīfu	옷
医生	yīshēng	의사
医院	yīyuàn	병원
一次性	yícìxìng	일회용
一定	yídìng	반드시
一段时间	yíduàn shíjiān	한동안
一共	yígòng	모두 합해서
一会儿	yíhuìr	잠시. 잠깐 동안
一切	yíqiè	모든. 온갖
一下	yíxià	한 번. 잠시 좀
一样	yíyàng	같다. 동일하다
已经	yǐjing	이미. 벌써
以便	yǐbiàn	~하기 편리하도록
以……为……	yǐ……wéi……	~을 ~로 삼다
以前	yǐqián	이전
一般	yìbān	일반적으로. 보통
一点儿	yìdiǎnr	약간. 조금
一卡通	yìkǎtōng	이카통. 통합 교통카드
一起	yìqǐ	함께
一些	yìxiē	약간. 얼마간

一直	yìzhí	줄곧. 쭉
艺人	yìrén	연예인
异常气候	yìcháng qìhòu	이상 기후
疫苗	yìmiáo	백신
因为	yīnwèi	왜냐하면
音响效果	yīnxiǎng xiàoguǒ	음향 효과
音乐	yīnyuè	음악
银行	yínháng	은행
应该	yīnggāi	마땅히 ~해야 한다
(应用)软件	(yīngyòng) ruǎnjiàn	앱
英国	Yīngguó	영국
用	yòng	사용하다
用户	yònghù	사용자
用品	yòngpǐn	용품
优惠	yōuhuì	우대. 할인
游泳	yóuyǒng	수영(하다)
有	yǒu	있다
有点儿	yǒudiǎnr	조금
有名	yǒumíng	유명하다
有人	yǒurén	어떤 사람
有韧性	yǒurènxìng	쫄깃쫄깃하다
有气场	yǒu qìchǎng	카리스마가 있다
有趣	yǒuqù	흥미롭다
有意思	yǒuyìsi	재미있다
右	yòu	오른
羽毛球	yǔmáoqiú	배드민턴
语音聊天	yǔyīn liáotiān	음성 채팅
预订	yùdìng	예약하다
遇见	yùjiàn	만나다. 조우하다
元	yuán	위안. [인민폐의 단위](=块[kuài])
原来	yuánlái	원래

远	yuǎn	멀다
愿意	yuànyì	희망하다. 바라다
约	yuē	약속하다
月末	yuèmò	월말
越……越……	yuè……yuè……	점점 더~하다
云南	Yúnnán	윈난. 운남
运动	yùndòng	운동(하다)

Z

在	zài	~에 있다 / ~에[에서]
在线	zàixiàn	온라인
再见	zàijiàn	또 만나요. 안녕히 가세요[계세요]
再生能源	zàishēng néngyuán	재생 에너지
早该	zǎogāi	진작에 ~했어야 하다
早上	zǎoshang	아침
早午餐	zǎowǔcān	브런치
造成	zàochéng	초래하다. 야기하다
怎么	zěnme	어찌. 어떻게
怎么样	zěnmeyàng	어떠하다
站	zhàn	역. 정거장
着急	zháojí	조급해하다
找	zhǎo	찾다
着	zhe	동사의 진행, 지속을 나타내는 동태조사
这	zhè	이
这个星期	zhè ge xīngqī	이번주
这个月	zhè ge yuè	이번달
这里	zhèli	여기
这儿	zhèr	여기
这样	zhèyàng	이렇게
真	zhēn	진짜. 참으로
正门	zhèngmén	정문

正在	zhèngzài	마침. 한창
支付	zhīfù	지불하다
支付宝	zhīfùbǎo	알리페이
只	zhī	마리. [작은 동물을 세는 양사]
直播	zhíbō	라이브 방송
职场剧	zhíchǎngjù	오피스물
只顾	zhǐgù	오로지. 그저 ~에만 정신팔리다
只要	zhǐyào	~하기만 하면
指	zhǐ	가리키다
纸杯	zhǐbēi	종이컵
制片人	zhìpiànrén	프로듀서
中国	zhōngguó	중국
中国人	Zhōngguórén	중국인
中号	zhōnghào	미디움. 중간 사이즈
中文	zhōngwén	중문. [말과 글을 포함]
忠实粉丝	zhōngshí fěnsī	열성팬
终于	zhōngyú	마침내. 드디어
种	zhǒng	종류. [물건을 세는 단위]
周末	zhōumò	주말
主持人	zhǔchírén	사회자
主意	zhǔyì	생각. 아이디어
注册	zhùcè	회원 가입
注意	zhùyì	주의하다
注意力	zhùyìlì	주의력
专业	zhuānyè	전공
转	zhuǎn	방향을 바꾸다. 돌다
转播	zhuǎnbō	중계 방송
追	zhuī	쫓다
追星族	zhuīxīngzú	극성팬
准备	zhǔnbèi	준비하다
紫	zǐ	자주색

自动	zìdòng	자동
自媒体人	zìméitǐrén	1인 방송인
自行车	zìxíngchē	자전거
走	zǒu	가다
足球	zúqiú	축구
最好	zuìhǎo	가장 좋기로는
最近	zuìjìn	요즘
昨天	zuótiān	어제
左	zuǒ	왼
左右	zuǒyòu	정도
坐	zuò	앉다
做	zuò	하다
做作业	zuò zuòyè	숙제를 하다
做起来	zuòqǐlái	실천은. 실천하기는

| 저자 소개 |

장선우
현 고려대학교 민족문화원 연구교수
〈중한사전의 사전학적 연구〉(공저), 〈디지털 시대의 사전〉(공저), 〈속달중급중국어〉(공저) 등을 출간하였다.

신사명
현 대외경제무역대학 한국어학과 외국인 교수
〈아이들과 발견한 중국〉, 〈홈스테이 인 베이징〉 및 〈고급한국어〉(공저), 〈한국어회화사전〉, 〈속달중급중국어〉(공저) 등을 출간하였다.

| 감수자 소개 |

전기숙
베이징어언대학교에서 한국어와 한국문화를 가르치며 베이징 국제판 포털사이트 한국어 버전을 감수하고 있다.

수다速达 초급 중국어

초판 인쇄 2025년 10월 20일
초판 발행 2025년 10월 30일

지은이 장선우·신사명
발행인 김미화　　**발행처** 인터북스
주소 경기도 고양시 덕양구 통일로 140 삼송테크노밸리 A동 B224
전화 (02)353-9908　　**팩스** (02)6959-8234　　**이메일** interbooks@naver.com
홈페이지 hakgobang.co.kr　　**등록번호** 제2008-000040호
ISBN 979-11-981749-9-4 93720　정가 22,000원

파본은 교환해 드립니다.